广东省食用林产品质量安全监测技术

主　编　曾　雷　徐巧林　陈颖乐　王　颂
副主编　王志宏　余玉娟　杨　柳　黄文妍　韩铭星
编　委　黄东林　李圣杰　凌智彪　黄俊彬　黄婷婷
　　　　谢素婷　朱佩佩　李宇柔　许嘉茵　梁丽婷
　　　　黄琦琦

华南理工大学出版社
SOUTH CHINA UNIVERSITY OF TECHNOLOGY PRESS
·广州·

图书在版编目（CIP）数据

广东省食用林产品质量安全监测技术/曾雷等主编. -- 广州：华南理工大学出版社，2024. 7. -- ISBN 978-7-5623-7803-7

Ⅰ.F762.4

中国国家版本馆CIP数据核字第202447ML35号

Guangdongsheng Shiyong Linchanpin Zhiliang Anquan Jiance Jishu

广东省食用林产品质量安全监测技术

曾　雷　徐巧林　陈颖乐　王　颂　主编

出 版 人：房俊东
出版发行：华南理工大学出版社
　　　　　（广州五山华南理工大学17号楼，邮编 510640）
　　　　　http://hg.cb.scut.edu.cn　Email: scutc13@scut.edu.cn
　　　　　营销部电话：020-87113487　87111048（传真）
责任编辑：陈　超
责任校对：盛美珍
印 刷 者：广州永祥印务有限公司
　　　　　（广州市天河区柯木塱南路5号自编8-2号）
开　　本：787 mm×1092 mm　1/16　印张：12.5　字数：154千
版　　次：2024年7月第1版　印次：2024年7月第1次印刷
定　　价：78.00元

版权所有　盗版必究　　印装差错　负责调换

前　言

"民以食为天"，食品安全是重大的民生问题。习近平总书记曾多次对食品安全工作作出重要指示批示。2012年，指出："对食品安全问题，要在加强监管、严厉打击的同时，动员全社会广泛参与，努力营造人人关心食品安全、人人维护食品安全的良好社会氛围，不断增强公众对食品安全的信心。"2013年，指出："食品安全是最重要的，群众要吃得放心，这是我最关心的。""坚持源头治理、标本兼治，用最严谨的标准、最严格的监管、最严厉的处罚、最严肃的问责，确保广大人民群众'舌尖上的安全'。"2015年，指出："食品安全是民生，民生与安全联系在一起就是最大的政治。"2017年，指出："农产品和食品安全问题，是底线要求。如果这个起码的底线要求都做不到，老百姓对'舌尖上的安全'都不放心，还谈什么质量兴农，还谈什么竞争力。"2023年，指出："民以食为天。'菜篮子'、'米袋子'、'果盘子'，事关千家万户，是最基本的民生。"

2019年，中共中央办公厅、国务院办公厅印发《地方党政领导干部食品安全责任制规定》："建立地方党政领导干部食品安全工作责任制，应当遵循以下原则：（一）坚持党政同责、一岗双责、权责一致、齐抓共管、失职追责、尽职免责；（二）坚持谋发展必须谋安全，管行业必须管安全，保民生必须保安全；（三）坚持综合运用考核、奖励、惩戒等措施,督促地方党政领导干部履行食品安全工作职责,确保党中央、国务院关于食品安全工作的决策部署贯彻落实。

2019年12月,中共广东省委办公厅、广东省人民政府办公厅印发《关于深化改革加强食品安全工作的实施方案》,方案明确了林业系统的职责:(一)负责食用林产品种植养殖等生产环节(含产地环境)的质量安全监督管理,组织开展食用林产品质量安全监测、风险评估工作;(二)配合有关部门开展食品安全专项整治工作。

广东省林业局高度重视习近平总书记的批示指示,积极落实上级部门的决策部署,履职尽责,高质量开展食用林产品质量安全监管工作。广东省林业局委托广东省林业科学研究院完成国家林业和草原局下达的食用林产品质量安全监测任务,2020—2023年,已累计完成6 599批次监测任务。为总结提高广东省食用林产品质量安全监测技术,广东省林业科学研究院组织编写了本书。本书的出版得到上级部门和领导的支持,谨此致谢!书中存在的不足,恳请各级部门和同行批评指正。

编写组
2024年7月6日

目 录

第一章　广东省食用林产品产业概况　/1

第一节　概况　/2
第二节　广东省主要食用林产品介绍　/4
　　一、坚果、干果　/4
　　二、林源药材　/6
　　三、木本油料　/21
　　四、木本香调料　/22
　　五、森林蔬菜　/24
　　六、食用菌　/25
　　七、水果　/27
　　八、食用花卉　/29

第二章　抽样技术与样品管理　/31

第一节　食用林产品及其产地土壤抽样技术　/32
　　一、范围　/32
　　二、引用文件　/32

　　　　三、抽样原则　/33

　　　　四、抽样准备　/34

　　　　五、抽样地点　/38

　　　　六、抽样方法　/39

　　　　七、抽样程序　/56

　　　　八、抽样后样品运输　/68

　　第二节　实验室样品管理　/70

　　　　一、实验室样品管理目的　/70

　　　　二、实验室样品管理范围　/70

　　　　三、实验室样品管理职责　/70

　　　　四、实验室样品管理流程　/71

第三章　检测技术　/77

　　第一节　食用林产品定量检测技术　/78

　　　　一、定量检测的分类　/78

　　　　二、食用林产品定量检测的目的和意义　/80

　　　　三、重金属及有害元素　/81

　　　　四、农药残留　/83

　　　　五、食用林产品定量检测指标　/86

　　　　六、食用林产品及其产地土壤定量检测操作流程　/105

　　　　七、产地土壤定量检测标准（示例）　/112

　　　　八、食用林产品定量检测标准（示例）　/122

　　第二节　食用林产品快速检测技术　/139

　　　　一、快速检测　/139

　　　　二、便携式油茶籽质量分析仪　/141

　　　　三、近红外食用林产品质量分析仪　/145

　　　　四、食用林产品综合分析仪　/150

第四章　监测过程管理工具　/155

第一节　管理工具功能实现　/156
一、监测过程管理工具Web服务端　/156
二、监测过程管理工具移动端　/170

附录　/179

参考文献　/189

第一章
广东省食用林产品产业概况

第一节　概况

食用林产品是依托森林、林木、林地生产以及经过初级加工，可供食用的植物、微生物等产品，包括木本粮油、森林药材、森林药食植物、森林蔬果、森林食用菌、木本坚果、木本香料等诸多种类的产品。据国家林业和草原局统计，全国森林食物年产量超过2亿吨，森林食物已成为我国第三大农产品。广东省的水热条件优越，食用林产品种类丰富，产区覆盖区域广，上市持续时间长。

表1-1　广东省食用林产品成熟时间及主要产区情况表

名称	成熟时间	主要产区
竹笋	1-10月	肇庆市、清远市（英德市、清新区）、揭阳市、韶关市（仁化县、南雄市）、云浮市（云城区、新兴县）、梅州市等
金花茶	2-3月	揭阳市、佛山市等
八角	3-4月、8-9月	茂名市等
竹荪	5-6月	韶关市、肇庆市（封开县、广宁县）等
化橘红	5-6月	茂名市等
益智	5-6月	茂名市（信宜市、高州市）、肇庆市、阳江市等
铁皮石斛	全年	韶关市（始兴县、仁化县、新丰县）、梅州市（兴宁市、平远县）、清远市、茂名市等
灵芝	6-7月	肇庆市（封开县、怀集县、广宁县）、韶关市、河源市、清远市、梅州市（平远县、丰顺县）等
桂皮	4-5月	云浮市（罗定市、郁南县）、肇庆市（高要区、德庆县）、茂名市等

续表

名称	成熟时间	主要产区
澳洲坚果	8–9月	阳江市（阳春市、阳东区）、茂名市（信宜市、高州市）、佛山市、清远市、云浮市（郁南县、罗定市）、肇庆市等
山楂	8–11月	肇庆市、茂名市等
砂仁	8–9月	阳江市、肇庆市、茂名市等
佛手	8–11月	潮州市（潮安区、湘桥区）、肇庆市（高要区、德庆县）等
银杏	9–10月	韶关市等
玉竹	9–10月	清远市等
橄榄	9–11月	潮州市、揭阳市、汕头市（潮阳区、潮南区）、茂名市、梅州市等
板栗	9–10月中旬（中秋节前后）	河源市、肇庆市、云浮市等
油茶籽	10月下旬–11月（霜降节气前后）	河源市（龙川县、和平县、东源县）、梅州市（兴宁市、平远县）、韶关市（乐昌市、浈江区、乳源瑶族自治县、始兴县）、茂名市、清远市、肇庆市、云浮市等
广藿香	10–11月	湛江市、肇庆市、云浮市、茂名市、阳江市等
梅片叶	全年	梅州市等
厚鳞柯	10–11月	清远市等
巴戟天	全年	肇庆市（高要区、德庆县）、云浮市等
沉香叶	全年	茂名市、惠州市（惠东县、惠阳区、博罗县）、江门市（台山市、鹤山市）、东莞市、中山市等
猴耳环	全年	惠州市、广州市等
牛大力	全年	云浮市（郁南县、罗定市、云城区、云安区）、江门市（台山市、开平市）、韶关市（武江区、乳源瑶族自治县、仁化县、翁源县）、惠州市、肇庆市、阳江市等
五指毛桃	全年	河源市（连平县、和平县、紫金县、龙川县）、梅州市（五华县、大埔县）等
高良姜	全年	湛江市等

第二节　广东省主要食用林产品介绍

一、坚果、干果

（一）澳洲坚果

图1-1　澳洲坚果

澳洲坚果（*Macadamia integrifolia* Maiden et Betche），别名夏威夷果，为山龙眼科澳洲坚果属植物。果仁含油量高达70%～80%，其中不饱和脂肪酸的比重高达77.27%～81.02%，在降低血小板的粘度、预防心脏病及其他心血管病方面具有潜在功效。澳洲坚果果仁内的蛋白质共含有17种氨基酸。澳洲坚果可加工为坚果油、坚果饮品等，其果皮含有14%的鞣质和8%～10%的蛋白质，可添加在家畜饲料中使用；果壳可制作活性炭、压缩燃料或其他填充料。

澳洲坚果种植主要分布在阳江市（阳春市、阳东区）、茂名市（信宜市、高州市）、佛山市、清远市、云浮市（郁南县、罗定市）、肇庆市等地。

澳洲坚果的生产经营主体有阳春市星宝坚果发展有限公司、广东澳盛农业科技发展有限公司、广东鼎澳农业科技发展有限公司、广东粤淋粤喜农业发展有限公司、清远市佛冈县智垄农业有限公司、高州市深耀坚果种植专业合作社、信宜百尚坚果种植专业合作社等机构。

（二）板栗

图1-2 板栗

板栗（*Castanea mollissima* Bl.）为壳斗科栗属植物。板栗仁营养价值高，除含有蛋白质、脂肪、B族维生素等多种营养成分外，还含有黄酮、多糖、萜类、挥发油等活性成分以及钾、镁、铁、锌、锰等矿物质。中医认为，板栗味甘性温，有益气补脾、厚肠胃、补肾强筋、活血止血的作用，可治反胃、泄泻、腰腿软弱等症。从板栗花中提取的精氨酸可用来治疗泻痢、便血等疾病。此外，板栗木坚固耐久,是制作家具的优良材料。

广东省的板栗主产区包括河源市、肇庆市、云浮市等地。"封开油栗"是地理标志证明商标,也是我国板栗优良品种之一。东源县船塘镇是广东省最大的板栗种植基地,也是板栗专业镇。

板栗的生产经营主体有鲜绿态(河源市东源县)生态农业有限公司、郁南县月皇板栗种植专业合作社、郁南县建城镇花千谷花果种植专业合作社等。

二、林源药材

(一)巴戟天

图1-3 巴戟天

巴戟天(*Morinda officinalis* How)为茜草科巴戟天属植物,俗称鸡肠风、三角藤、三蔓草。巴戟天的干燥根是其药用部位,是我国"四大南药"之一。研究表明,巴戟天的根、皮含锌、锰、铁、铬等23种元素及蒽醌类成分,具有补肾助阳、强筋壮骨、祛风除湿、抗疲劳、抗炎、解痉平喘、降压利尿等功效。

肇庆市（高要区、德庆县）是巴戟天的主要产区。2012年，高要巴戟天获得国家"道地药材"认证。2015年，"高要巴戟天"入选为国家地理标志保护产品；2016年，巴戟天入选《广东省中药材保护条例》第一批保护名录；2018年，"德庆巴戟天"被列入国家农产品地理标志登记保护。与肇庆市临近的云浮市也广泛种植巴戟天，品质良好。

巴戟天的生产经营主体有肇庆市高要区董福行农林高新科技种植管理有限公司、德庆县德鑫农业发展有限公司、德庆县超盛农产品专业合作社、郁南县长和南药专业合作社等。

（二）白木香（土沉香）叶

图1-4　白木香（土沉香）叶

白木香叶是采自人工种植的瑞香科沉香属植物白木香（Aquilaria sinensis (Lour.) Sprengel）的叶片，经杀青、揉捻、发酵、烘干而成。研究表明，沉香叶与沉香的一些药理活性效果相似，具有抗肿瘤、抗炎等功效。

沉香资源（包括白木香、棋楠沉香等）主要分布在茂名市、惠州市（惠东县、惠阳区、博罗县）、江门市（台山市、鹤山市）、中山市、东莞市等地。其中，中山市五桂山孕育了大量野生土沉香，在2011年10月获中国野生植物保护协会授予"中国沉香之乡"牌匾。此外，茂名市电白区现有沉香种植面积12万多亩，是全国最大的沉香人工种植基地，也是全国沉香集散中心。2013年，电白被中国经济林协会授予"中国沉香之乡"牌匾。2016年，沉香入选《广东省中药材保护条例》第一批保护名录。

沉香的生产经营主体有广东沉香山食品科技有限公司、瑜丰沉香汇（广东）科技有限公司、惠州市绿棋投资发展有限公司、广东珍稀沉香实业集团有限公司、中山市元一沉香公司、汕尾市上洋沉香科技有限公司等。

（三）佛手

图1-5　佛手

佛手（*Citrus medica var. Sarcodactylis*（Noot.）Swingle）为芸香科柑橘属常绿小乔木，因其果实顶部仿如人的手指形状，故命名佛手。佛手具有解痉、中枢抑制、增加冠状动脉血流量、抗心律失常、降血压、抗过敏、抗炎、抗病毒等作用。佛手是国家批准的药食两用的大宗药材。

广东佛手的种植主要分布在潮州市（潮安区、湘桥区）、肇庆市（高要区、德庆县）等地。其中以肇庆产佛手的药用价值最高，称为"广佛手"，入选《广东省中药材保护条例》第一批保护名录。"高要佛手""德庆广佛手"获得地理标志证明商标。

佛手的生产经营主体有高要区潮兴佛手种植专业合作社、德庆县超盛农产品专业合作社、潮州市潮安区四季园种养专业合作社、广东展翠食品股份有限公司等。

（四）猴耳环

图1-6　猴耳环

猴耳环（*Archidendron clypearia*（Jack）I. C. Nielsen）为豆科猴耳环属多年生乔本植物，俗名围涎树。猴耳环主要含黄酮类、儿茶酚类和鞣质等化合物，是岭南地区的重要中药材。猴耳环被称为天然消炎药，是一种应用范围较广的中药，其根、枝、叶、果实均可入药，具有清热解毒、凉血消肿、去湿敛疮等功效。

猴耳环的种植主要分布在惠州市、广州市等地。

猴耳环的生产经营主体有广东态合堂实业有限公司、广州集源生态农林科技有限公司等。

（五）牛大力

图1-7 牛大力

牛大力（*Nanhaia speciosa*（Champ. ex Benth.）J. Compton & Schrire）学名南海藤，又名美丽崖豆藤，为岭南地区著名的药食同源植物。牛大力富含多糖、生物碱、三萜类化合物、植物甾醇和微量元素等活性成分和营养成分。牛大力以根部入药，在提高免疫力、保肝、镇咳平喘及抗氧化、抗炎、抗疲劳等方面具有较好的药理作用。

牛大力的种植基地主要分布在云浮市（郁南县、罗定市、云城区、云安区）、江门市（台山市、开平市）、韶关市（武江区、乳源瑶族自治县、仁化县、翁源县）、惠州市、肇庆市、阳江市等地。2019年，阳东牛大力获得地理标志证明商标、全国名特优新农产品称号,阳东区还获得"中国牛大力之乡"和"中国牛大力名县"称号。

牛大力的生产经营主体有广东粤森生态农业科技有限公司、广东麦林生态农业有限公司、阳江市宏伟农业发展有限公司、广东小阳生态农业有限公司等。

(六)砂仁

图1-8 砂仁

砂仁(*Amomum villosum* Lour.)为姜科豆蔻属常绿本草植物,古称"缩砂蜜",喜生于山地荫湿之处。砂仁是我国"四大南药"之一,是广东传统的药食两用道地药材,其花、果、根、茎、叶皆可入药。砂仁果实中主要含有挥发油、黄酮、多糖等生物活性成分,是治疗脾胃气滞、宿食不消、腹痛痞胀、噎膈呕吐、寒泻冷痢的重要药材。砂仁果实也常被作为调味料加入各种美食当中。

砂仁种植主要分布在阳江市、肇庆市、茂名市等地。其中,阳春是砂仁的原产地,阳春产砂仁,故有"春砂仁"之称。2004年,阳春市被授予"中国春砂仁之乡"称号,"阳春砂仁"为地理标志证明商标,2016年,春砂仁入选《广东省中药材保护条例》第一批保护名录。

春砂仁的生产经营主体有恒豐实业有限公司、阳春市春东砂仁种植专业合作社、广宁县祥景种养专业合作社等。

（七）铁皮石斛

图1-9　铁皮石斛

铁皮石斛（*Dendrobium catenatum* Lindley）为兰科石斛属植物，名列"中华九大仙草"之首。2023年11月，铁皮石斛被纳入按照传统既是食品又是中药材的物质目录。铁皮石斛富含石斛多糖、生物碱、黄酮、氨基酸、微量元素、多酚等多种对人体健康有益的活性成分，具有滋阴清热、益胃生津的功效，经常服用可提高机体免疫力。铁皮石斛除了药用功能以外，还可用于茶饮、酒类等功能保健产品，也可作为基础原料用于护肤产品。

铁皮石斛种植主要分布在韶关市（始兴县、仁化县、新丰县）、梅州市（兴宁市、平远县）、清远市、茂名市等地。

铁皮石斛的生产经营主体有韶关市车八岭农业科技有限公司、仁化县鑫宇生态开发有限公司、梅州绿盛林业科技有限公司、阳山县龙石山铁皮石斛生态种植有限公司、茂名市惠生源生物有限公司、惠州

（八）五指毛桃

图1-10　五指毛桃

五指毛桃（*Ficus hirta* Vahl）学名粗叶榕，为桑科榕属植物，又名五爪龙、牛奶根，以干燥根入药。五指毛桃含有苯丙素类、黄酮类、萜类、甾醇类及挥发油类等活性成分。五指毛桃所含的补骨脂素、佛手柑内酯已成为五指毛桃的重要质量评价指标。五指毛桃具有益气补虚、行气解郁、壮筋活络、健脾化湿、止咳化痰等药理作用。除药用外，还可加工成茶饮、汤料、面食等产品。

五指毛桃主要种植地区有河源市（连平县、和平县、紫金县、龙川县）、梅州市（五华县、大埔县）等地。

五指毛桃的生产经营主体有河源市金源绿色生命有限公司、河源市春和中药材种植开发有限公司、龙川县南药谷种植有限公司、连平县贵宾种植专业合作社、广东双岗寨生态科技有限公司等。

（九）益智

图1-11　益智

益智（*Alpinia oxyphylla* Miq.）为姜科山姜属多年生草本植物，又名益智仁、益智子，传统药用部位为益智的果实。益智是我国"四大南药"之一，主要含有挥发油、萜类、黄酮、二苯基庚烷、甾体等化学成分，具有免疫调节、神经保护、抗利尿、心肌保护、抗氧化、调节肠道菌群等多种药理活性。此外，益智亦可加工成果脯、茶饮等产品。

益智的种植地区主要有茂名市（信宜市、高州市）、肇庆市、阳江市等地。"大八益智"是广东省阳东县特产、国家地理标志保护产品。

益智的生产经营主体有信宜市洪冠冠丽种养专业合作社、高州市古丁镇龙湾经济联合社、广东阳东八果圣食品有限公司、阳江市阳东区仁智农业发展有限公司、封开县罗董镇益智子种植专业合作社等。

（十）化橘红

图1-12　化州柚

化橘红（*Citrus maxima* "Tomentosa"）由芸香科柑橘属植物化州柚未成熟或近成熟的胎果炮制而成，2016年化橘红入选广东省"八大南药保护品种"。化橘红中含有柚皮苷、野漆树苷、挥发油等多种有效成分，具有化痰理气、健脾消食、燥湿化痰等药理作用。化橘红可加工成干果、橘红片、橘红花、橘红茶等产品。此外，以化橘红为原料研发的系列产品涉及药品、饮料、饮片、保健、香料、工艺品等多个领域。

茂名市化州市是全国最大的橘红生产基地，有"中国化橘红之乡"之称，"化州橘红"获得地理标志证明商标。化州柚树因吸收了当地土壤中的礞石矿物质，其花、果具有了化痰止咳的功效。也正因其对土壤要求的特殊性，才造就了化州橘红的独有资源。

化橘红经营主体有化州化橘红药材发展有限公司、广东大合生物科技股份有限公司、广东美华农业生物科技有限公司等。

（十一）高良姜

图1-13　高良姜

高良姜（*Alpinia officinarum* Hance）为姜科山姜属多年生草本植物。高良姜的干燥根茎可入药，是药食同源的植物之一。高良姜含挥发油、黄酮类、二芳基庚烷类等化学成分，具有温胃止呕、消食止痛等功效，主要治疗脘腹冷痛，胃寒呕吐，嗳气吞酸。此外，高良姜还被大量用作食品调味料，是"十三香"的组成之一。高良姜在保健食品、食品保鲜剂开发等领域也展现了巨大潜力。

湛江市徐闻县拥有全国最大的高良姜生产基地，产量占全国90%以上，素有"高良姜之乡"之称。徐闻高良姜也是"广东十件宝"之一，在2006年被认定为"国家地理标志产品"，2019年入选第四批全国名特优新农产品目录。广东丰硒良姜有限公司是一家高良姜现代化加工企业，集高良姜的种植、育苗、收购、深加工于一体。

（十二）广藿香

图1-14　广藿香

广藿香（*Pogostemon cablin*（Blanco）Benth.）为唇形科刺蕊草属植物，是著名的岭南道地药材，是"十大广药"之一。广藿香以其干燥后的地上部位入药。广藿香中生物活性成分以萜类和黄酮类物质为主，同时含有少量的苯丙素、含氮类化合物、甾体、醇类、醛类、吡喃酮、有机酸及糖苷类物质。广藿香具有抗病毒、抗菌、调节胃肠道、抗炎镇痛和抗氧化等药理作用。广藿香可用作中药的原始药材或压制成中药饮片，是多种中成药的重要组分。广藿香也可提取广藿香精油，应用于抗衰老、调节情绪、修复再生、化妆品、生物医药和生命健康等行业。

广藿香的主要产区为肇庆市、湛江市、云浮市、阳江市、茂名市等地。其中，肇庆高要及西江流域周边地区为广藿香的主要产区，品质较高。"高要广藿香""遂溪广藿香"获得地理标志证明商标。

广东的广藿香种植经营主体有遂溪鑫兴农科技农业有限公司、肇庆市高要区董福行农林高新科技种植管理有限公司、阳春市马水镇春霖种养专业合作社等。

(十三)厚鳞柯

图1-15 厚鳞柯

厚鳞柯（*Lithocarpus pachylepis* A. Camus）又名益肾子，壳斗科柯属植物，又名补肾果。厚鳞柯果实中含有蛋白质、脂肪、淀粉、维生素、黄酮类以及单宁等物质，同时含有 Fe、Zn、Cu、Se 等人体必需微量元素。厚鳞柯既可用来泡酒、煲汤、泡茶，又可当坚果炒货食用。

厚鳞柯的主产区在清远市佛冈县。经营主体包括佛冈喜莱益肾子种植专业合作社等。

(十四)阴香

图1-16 阴香

阴香（*Cinnamomum burmanni*（Nees et T.Nees） Blume）俗称梅片树，为樟科桂属常绿乔木，富含天然右旋龙脑（俗称天然冰片）、乙酸龙脑酯等化学物质。梅片树的枝叶经提炼得到的天然右旋龙脑是重要的化工原料，广泛应用于医疗、美容、香料等多个行业。

梅片树规范化示范种植基地位于梅州市平远县。目前，梅州市现已建成天然冰片生产基地；广东华清园生物科技股份有限公司已建立梅片树种质资源库，从梅片树提取制备的天然右旋龙脑纯度可达99.99%。

（十五）玉竹

图1-17　玉竹

玉竹（*Polygonatum odoratum*（Mill.）Druce）为百合科黄精属草本植物，是临床常用的滋阴类中药，也是药食同源植物。玉竹活性成分主要包含黄酮类、多糖类、皂苷类、挥发油、生物碱等，具有养阴润燥、生津止渴等药理作用。玉竹除了直接入药，还可制成中药饮片、保健食品、保健饮料、美容护肤品等产品。

清远市连州市是广东省玉竹主产区，其中星子镇的玉竹种植面积超过万亩。玉竹经营主体包括连州市众建农业发展有限公司等。

（十六）银杏

图1-18　银杏

银杏（*Ginkgo biloba* L.）为银杏科银杏属落叶乔木。银杏叶中含有类黄酮、萜内酯类、聚戊烯醇、有机酸、多糖等多种重要次生代谢产物，具有显著的药理功效。银杏果又称白果，已被纳入药食同源食品目录。银杏果含银杏内酯、三萜类和生物碱等化学物质，具有止咳、化痰和定喘等药理作用。

韶关市南雄市是我国的"银杏之乡"，也是广东省唯一的银杏主产区。南雄本地银杏果早熟粒大、壳薄洁白、核肉糯性好、食味香浓、胚芽隐没、无苦无毒，是药食兼优的佳品。坪田镇打造了广东省坪田银杏万亩示范基地。广东银杏经营主体包括南雄市坪一品食品加工厂等企业。

三、木本油料

图1-19 油茶

油茶（Camellia oleifera Abel）为山茶科山茶属常绿小乔木，是中国特有的油料树种，也是世界四大木本油料作物之一。油茶籽油（简称"茶油"）的不饱和脂肪酸高达85%～97%，居各种食用油之冠。此外，茶油中还富含多酚、角鲨烯、甾醇、茶皂苷等多种功能性成分，具有抗氧化、抗炎、降血糖、降血脂、降血压等药理活性。油茶饼粕具有杀虫活性；油茶木材质紧密、耐腐蚀，是制作家具、农具的上好材料。

截至2023年，广东全省油茶种植面积达300万亩，茶油产量达4.5万吨。油茶种植面积在2万亩以上的县（市、区）有24个，其中种植规模在10万亩以上的县（市）包括龙川县、和平县、东源县、兴宁市、平远县、高州市和连州市等。

油茶的生产经营主体有广东广垦油茶有限公司、广东穗瑞农林发展有限公司、乐昌市富树山农业科技开发有限公司、龙川绿油农业发展有限公司、龙川县星汇山林开发有限公司、广东龙德信庄园有限公司、广东康帝绿色生物科技有限公司、保仪生态科技（广东）有限公司、广东山马农林发展有限公司、广东宝华农业科技股份有限公司等。

四、木本香调料

（一）根茎类调味料——桂皮

图1-20　桂皮

桂皮（*Cinnamomum cassia*（L.）J.Presl）是樟科桂属植物肉桂的干燥树皮，既是常用中药，又是食品香料。桂皮含肉桂醛等挥发性成分以及多糖类、二萜类、多酚类、黄酮类等非挥发性成分，具有抗菌、抗氧化、抗炎、降血糖等药理活性。桂皮气芳香，研磨成粉可作食品、调味品和香料。肉桂油简称桂油，主要由桂皮、桂叶、桂枝等提取得到，其主要化学成分为反式肉桂醛、反式邻甲氧基肉桂醛和乙酸桂酯等，广泛应用于食品、香料和医药方面。

桂皮的种植地区主要包括云浮市（罗定市、郁南县）、肇庆市（高要区、德庆县）、茂名市等地。罗定市被评为"中国肉桂之乡"，高要区、德庆县是中国肉桂名县，"德庆肉桂""高要肉桂"获准注册为地理标志证明商标。

桂皮的生产经营主体包括罗定市粤桂实业有限公司、罗定市浩良香料有限公司、罗定市中桂香料有限公司、罗定市䓒滨镇源发桂皮加工厂、罗定市同达香料厂、郁南县大新大方桂皮厂、高要区小湘镇同兴桂皮加工厂、高要区禄步镇裕丰农副产品加工厂、德庆县恒之源种植专业合作社等。

（二）种子类调味料——八角

图1-21　八角

八角（*Illicium verum* Hook. f.）为八角科八角属的植物，别名有大茴香、五香八角、八角茴香等。八角主要含有挥发油、苯丙素类、倍半萜内酯、黄酮类等化学成分。八角除了直接入药或作为食用香料外，还可进一步加工提取制备八角精油、精制茴香脑等产品。

茂名市信宜市思贺镇是广东省八角主产地，辐射周边云浮市、阳江市等地区都有种植八角。思贺镇的大红八角具有粒大、饱满、味香、结实率高、八角分明、光泽度好、耐储藏、出油率高等特点。

八角的生产经营主体包括茂名市国有八一林场、信宜市思贺镇国雄八角种植专业合作社等。

五、森林蔬菜

图1-22 毛竹笋

图1-23 麻竹笋

图1-24 富笋

图1-25 苦笋

图1-26 甜笋

图1-27 文笋

竹笋含有丰富的蛋白质、膳食纤维、碳水化合物和微量元素等，主要活性成分包括黄酮类和酚类等物质。竹笋具有低脂肪、低糖和高纤维等优点，是深受大众喜爱的森林蔬菜。竹笋除了可以鲜食，也可加工成竹笋罐头、腌竹笋、干制竹笋和冻干竹笋等各种食品。

广东省竹产业分布在肇庆市、清远市（英德市、清新区）、揭阳市、韶关市（仁化县、南雄市）、云浮市（云城区、新兴县）、梅州市等地。其中，英德市、揭东区以麻竹为主；仁化县、南雄市、蕉岭县以毛竹为主；广宁县以青皮竹、四季竹、大竹、文笋竹为主。

竹笋的生产经营主体有英德市全兴农产品专业合作社、广宁县洲仔镇创丰竹笋专业合作社、仁化石塘镇上中垈甜竹笋专业合作社、云浮市云城区大窝笋竹种植专业合作社、蕉岭县南磜镇富足村毛竹专业合作社等。

六、食用菌

（一）灵芝

图1-28　灵芝

灵芝（*Ganoderma lucidum*（Curtis）P. Karst.）是多孔菌科灵芝属真菌，富含多糖、三萜类、多肽、核苷类、甾醇和氨基酸等活性成分，具有抗氧化、抗病毒、降血脂、降低胆固醇、免疫调节等药理活性。目前添加灵芝的保健品、药品及护肤品产品类别丰富，主要包括灵芝子实体、灵芝子实体超细粉、灵芝孢子粉、灵芝酒等。

广东省灵芝产业主要分布在梅州市（平远县、丰顺县）、肇庆市（封开县、怀集县、广宁县）、韶关市、河源市、清远市等地。

广东省灵芝的生产经营主体包括广东林中宝生物科技股份有限公

司、灵盈八社（平远县）农业专业合作社、广东仙草岭农业发展有限公司、梅州福稻生态科技有限公司、广东原本生态农业有限公司、广州从化良珍菌类专业合作社、始兴县隘子镇祥源农副产品专业合作社等。

（二）竹荪

图1-29　竹荪

竹荪（*Dictyophora indusiata* auct. brit.）为鬼笔科竹荪属真菌，又名竹笙，它是寄生在枯竹根部的一种隐花菌类。竹荪是"草八珍"之一，被誉为"真菌皇后"。竹荪营养成分丰富，含有蛋白质、谷氨酸、维生素和钙、镁、钾等物质，具有滋阴养血、益气补脑、止咳化痰等功效，在食品、药品和化妆品领域均有应用。

竹荪主要分布在韶关市、肇庆市（封开县、广宁县）等地。竹荪的生产经营主体有韶关市桃花源乡村旅游有限公司、广宁县坑口镇下寨种养专业合作社、封开县木素菌业有限公司等。

七、水果

（一）橄榄

图1-30　橄榄

橄榄（*Canarium album*（Lour.） DC.）又叫青果、青榄，是橄榄科橄榄属乔木植物的果实。橄榄具有极高的营养价值和保健作用，含有蛋白质、脂肪、碳水化合物、维生素和矿物质等，主要活性成分包括多酚类、黄酮类、三萜类、苯丙素类和挥发油等，具有清热解毒、利咽化痰、除烦醒酒、润肺利咽等功效，被誉为"肺胃之果"。橄榄除了可以鲜食，还可以加工成橄榄菜、果脯等产品，此外，还是一些复方中成药的重要原料。

广东省橄榄主要分布在潮州市、揭阳市、汕头市（潮阳区、潮南区）、茂名市、梅州市等地。橄榄的生产经营主体有广东裕嘉生态农业发展有限公司、潮州市建成农业综合开发有限公司、潮州市潮安区归湖檀香橄榄专业合作社、汕头市吉之祥农业专业合作社、揭西天鹅湖水果种植有限公司等。

（二）山楂

图1-31　山楂

山楂（*Crataegus pinnatifida* Bunge）是蔷薇科山楂属落叶乔木。山楂果实是药食两用水果，营养丰富。山楂主要含有机酸、黄酮类、三萜类、多糖等活性成分，具有健脾开胃、抗疲劳、增强免疫力、抗氧化等功效。山楂果实、叶、种子具有极高的经济价值。山楂可鲜食，可加工成药膳材料、保健饮品、休闲食品等；山楂叶及其制剂是临床上的常用药；山楂核具有极强的抗炎杀菌活性。

广东省山楂主要分布在肇庆市、茂名市等地。山楂的主要生产经营主体有广宁县木格镇册田农产品种植专业合作社、广宁县大信成功山楂专业合作社、信宜市大深山种养专业合作社等。

八、食用花卉

图1-32　金花茶

金花茶（*Camellia Petelotii*（Merr.）Sealy）属于山茶科山茶属木本植物，是国家一级保护植物，享有"植物界大熊猫"之美誉。金花茶含有总黄酮、茶多糖、茶多酚、总皂苷、维生素等400多种功能营养物质，可以调节人体血脂、血糖、胆固醇，增强机体免疫力，具有扩张血管、利尿等功效，并可改善因高血压引起的各种不适症状等。

广东省金花茶的种植地主要在揭阳市、佛山市等。金花茶的生产经营主体有广东南多万金农业发展有限公司、广东皂峰金花茶生态园有限公司等。

第二章
抽样技术与样品管理

第一节　食用林产品及其产地土壤抽样技术

一、范围

本章内容主要讲述广东食用林产品及其产地土壤抽样工作的程序、抽样技术及操作方法。所述抽样工作的程序、技术及操作方法适用于广东省食用林产品，包括木本油料（油茶籽）、林源药材（巴戟天、化橘红、益智、砂仁）、木本香料（桂皮、八角）、森林蔬菜（竹笋）、森林水果（橄榄）、食用菌（灵芝、香菇）、坚果/干果（澳洲坚果、板栗）等食用林产品及其产地土壤、投入的肥料、基质等的抽样监测。

二、引用文件

（1）经济林产品质量安全监测技术规程（LY/T 2800-2017）；
（2）蔬菜抽样技术规范（NY/T 2103-2011）；
（3）土壤环境监测技术规范（HJ/T 166-2004）；
（4）食品抽样检验通用导则（GB/T 30642-2014）。

三、抽样原则

（一）代表性

抽样地需要有代表性，抽样的产品在采样区域有较大规模分布；采集的样品应具有足够的代表性，应在大批量样品中间隔一定距离抽取多个小样集合成一个大样来代表该批样品的实际情况，不应以单个或单株样品来代替整体。

（二）随机性

采集的用于评价整体产品质量的样品，应为按随机原则采集的样品。

（三）适量性

采集的样品数量在保证随机性和代表性的前提下，应适量采集。

（四）原样（状）性

在产品达到正常的成熟状态时进行抽样，避开受病虫害影响的非正常植株，并在抽样过程中保证样品外观完好无损，避免挤压、碰撞。

（五）公正性

抽样人员至少由2人组成，并应熟知抽样程序和方法，应携带有效证件、监测文件、封条和抽样单等，现场抽样和封样。抽样单使用《广东省食用林产品质量安全监测抽样单》（样式见附表2），抽样单必须由抽样人员和受检单位代表（个人）签字、盖章。

抽样单一式四份，分别留存于抽样单位、受检单位（个人）、组织监督抽查的部门、受检单位的上级主管部门。抽样单不得随意涂改，需要更改的应由抽样人员、受检单位（个人）共同签字确认。

四、抽样准备

（一）抽样计划的编制

1.全年抽样计划

根据抽样任务的要求，制订全年抽样计划，计划应包括：

（1）抽样品种：参照广东省主要食用林产品参考目录，结合各地产业实际情况，制定具体的抽样品种；

（2）抽样数量：根据各品种的种植规模等确定全年食用林产品抽样数量和产地环境抽样数量；

（3）抽样时间：在产品成熟期采样；

（4）抽样地点：细分每个品种的主产地区；

（5）抽样人员：具备野外作业经验和抽样资质的技术人员；

（6）抽样流程：制定相关抽样工作次序；

（7）抽样样品的包装和运输：根据不同样品的特性，采用适用的包装和运输方式。

2.每月抽样计划

根据全年抽样计划内容，细化每月抽样的品种、数量，提前2～3周落实品种成熟情况，做好各项抽样准备。

（二）抽样人员准备

抽样员应具有一定的野外作业经验且熟练掌握食用林产品及其土壤抽样技术，每个抽样地点抽样人数不少于2人，建议3~4人，其中领队负责对抽样工作程序的具体实施并协调处理抽样过程出现的各种情况。抽样员应通过健康体检，熟悉专业知识，经培训考核具备上岗资格。抽样员需同时学习国家林业和草原局、广东省林业局印发的文件通知、相关知识规程等。抽样单位须为抽样人员购买人身意外险等保险。

（三）抽样信息收集

（1）收集各监测区域待抽样食用林产品的产品名称、种植面积、种植年限、主要种植企业、主要分布区域（县、镇、村），以及各环节联系人及电话。

（2）收集食用林产品的品种、种苗来源、叶型、果型、采样部位、采收时间、产品用途、采收注意事项等资料。

（3）收集监测区域的道路状况、天气状况等信息。

（四）车辆准备

车辆应能满足林区机耕道的安全行驶要求：

（1）车辆应符合国家《机动车运输安全技术条件》的标准，具备有效的行驶证、年审合格证；

（2）车辆应具备有效的交通强制险、车辆损失险、第三者责任险、车上乘客责任险等；

（3）车辆应具备有效的导航、行车记录仪等装置；

（4）车辆应经过专业机构对车况进行安全检测，并通过车况安全技术条件会审；

（5）驾驶员应具备驾驶证，具备良好的职业道德，身体健康，原则上应有3年以上实际驾驶经验；

（6）租用社会车辆时，应与具备运营资质的租车公司签订合同，车辆需同时符合上述要求。

（五）抽样物品准备

（1）文具类：工作证、抽样单、印泥、收据、不干胶标签、封条、写字板、防水油性笔、资料夹等。

图2-1　文具类图

（2）工具类：不同尺寸的聚乙烯封样袋、透明胶、电子秤、保温箱及冰袋、取土钻或锄头、不锈钢铲、木铲、竹铲、竹片、修枝剪、高枝剪、剪刀、卷尺、喷壶等。

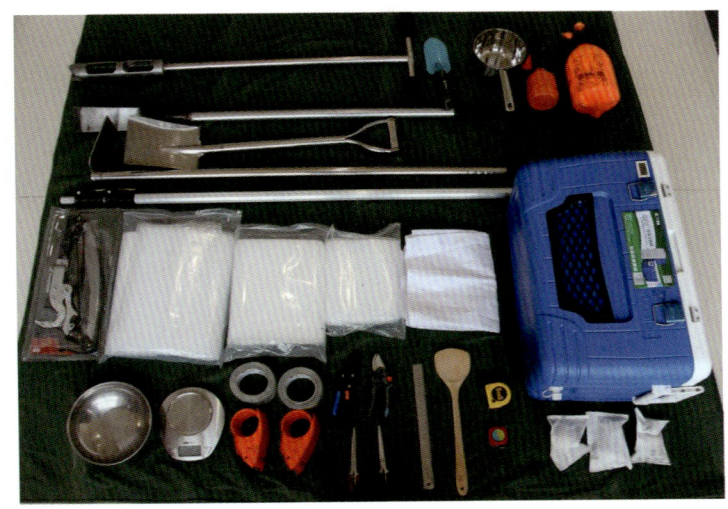

图2-2 工具类图

（3）器材类：相机、手机、对讲机、录影记录仪、GPS定位软件、打印机、打印纸、充电器和数据线等。

图2-3 器材类图

（4）安全防护用品：工作服、工作鞋、草帽、雨衣、手套、冰袖、野外应急救护包、防蛇喷雾、防蚊液等。

图2-4　安全防护用品类图

（六）外联准备

与当地林业主管部门对接，了解企业情况、采收时间，沟通行程安排，做好抽样相关工作。

五、抽样地点

（一）种植基地

抽样数量：结合全省林产品抽样计划，根据区域、品种、种植面积等情况，抽样批次的制定参考如表2-1：

表2-1　取样点个数要求

食用林产品及其产地土壤	种植基地面积/亩	样点设置/个
	<5	1
	5≤a≤20	1~2
	20≤a≤100	1~4
	>100	1~5

（二）企业仓库

抽样数量参考受检主体种植面积，结合库存数量确定采样批次。从样品仓库中，随机抽取符合规定的样品为1批，每一批样品尽量满足同一生产（采收）日期。

图2-5　仓库抽样

六、抽样方法

（一）食用林产品抽样方法

食用林产品按食用部位分，可分为全株、地上部分、根、茎、叶、花、果、种子等，所以每类食用林产品均有不同的抽样方法。油茶籽、竹笋、坚果、食用菌应参照《经济林产品质量安全监测技术规程》（LY/T 2800-2017）规定执行；其他森林药材、森林蔬菜品种可参照《蔬菜抽样技术规范》(NY/T 2103-2011)、《国家食品安全监督抽检实施细则》。

1.布点方法

确定抽样批次后,根据食用林产品的种植情况,采用以下3种布点方法:

①随机布点:将检测单元分为若干网格,每个网格编上号码,决定采样点样品数后,随机抽取规定的样品数的样品,其样本号码对应的网格号,即为采样点。

②分块随机布点:根据种植地情况,如果监测区域分为几个种植地块、种植年限、种植品种等,则可将区域划分为几块,每块作为一个监测单元。

③系统随机布点:将检测区域分为面积相等的几部分(网格划分),每个网格内设一采样点。

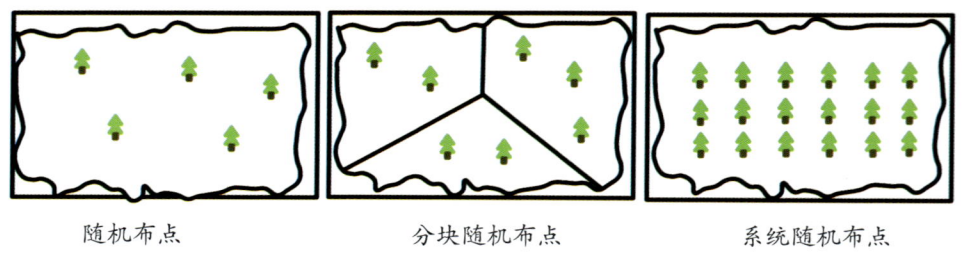

随机布点　　　　分块随机布点　　　　系统随机布点

图2-6　布点方法

2.采样点选择

每个抽样批次范围以30m×30m左右的样地为宜,在种植区域根据现场实际情况,采用皮尺测距法、株行距测距法、地图软件测距法等方法进行区分测距,测距后选择采样点。

——皮尺测距法：使用皮尺测量距离后，划分区域选点采样。该法适用于种植地势比较平缓、易拉皮尺测量的区域。

——株行距测距法：使用皮尺测出种植现场植株的株行距，采用植株的株行距计算选点采样的距离，划分区域选点采样。该法适用于规模化种植产品并且种植株行距相对比较固定的区域。

图2-7　皮尺测距法与株行距测距法示例图

——地图软件测距法：使用地图软件，如奥维地图，到达种植地后，与种植人员沟通，落实种植区域，在地图上选点，划分区域，并用地图软件上的测距功能进行选点采样。

图2-8　地图软件测距法示例图

3.采样方法：每个抽样批次内抽样点不少于5个点。

根据实际情况，按对角线法、梅花点法、棋盘式法、蛇形法等方法采取样品。

①对角线法：适用于地势平坦区域，将对角线分为5等份，以等分点为采样分点。

②梅花点法：适用于面积较小、地势平坦、种植情况比较均匀的地块，设分点5个以上。

③棋盘式法：适用于中等面积、地势平坦、种植不够均匀的地块，设分点5～10个。

④蛇形法：适用于面积较大、地势不平坦、种植不够均匀的地块，设分点5～10个。

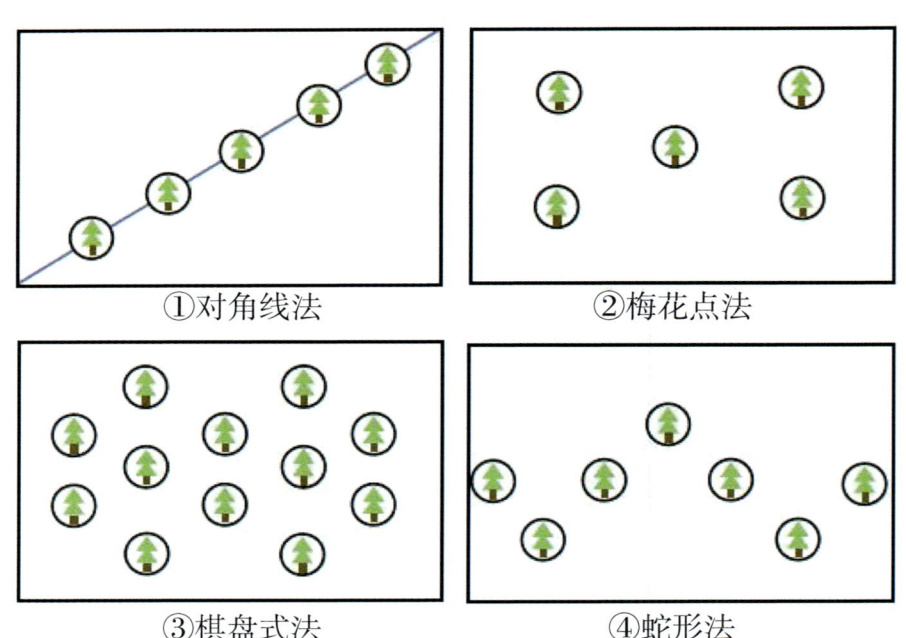

图2-9 采样点示意图

4.抽样方法及抽样量

抽样时,应由抽样人员从种植基地或仓库随机抽取产品,并抽取与产品对应的产地土壤,不得由被监测单位抽样或取样。

食用林产品主要品种抽样方法和抽样量见表2-2。

表2-2 食用林产品主要品种抽样方法和抽样量

类型	产品	抽样方法	抽样量	备注
森林蔬菜	竹笋	根据实际地形区域,可选随机法、五点法、等距法,取样点不少于5个。竹笋在竹鞭处切断,整株取出,作为一个完整样品	2~3kg	采集毛竹笋、麻竹笋等个体较大的笋时,取3~5株,剥壳后笋肉不少于1.5kg
木本油料	油茶籽	1.用随机法在种植区内5~7棵树木的上、中、下、里、外等不同部位采集样品,每棵树采集量基本相同。 2.在样品库随机抽取同一生产(收获)日期的样品为一个抽样批次	油茶果3~5kg 油茶籽1.5~2kg	脱壳后油茶籽仁不少于1.5kg
林源药材	五指毛桃、牛大力	根据实际地形区域,可选随机法、梅花法、等距法等方法取样,采集点数不少于5个	1.0kg	每个采集点,用锄头挖出根部后,使用修枝剪取200g以上,5个点样品合计1.0kg以上
林源药材	巴戟天	根据实际地形区域,可选随机法、梅花法、等距法等方法小心挖取整株样品,剪取肉质根部,采集点数不少于5株	1.0kg	
林源药材	猴耳环	用随机法在种植区内5~7棵树的上、中、下、里、外等不同部位采集枝叶,每棵树采集量基本相同	1.0kg	避开施药期,不摘取病变叶、虫蛀叶
林源药材	砂仁、益智	根据实际地形区域,可选随机法、梅花法、等距法等方法采集果实,采集点数不少于5个	600g	

续表

类型	产品	抽样方法	抽样量	备注
林源药材	石斛	用随机法在种植区选择7~10个抽样点，摘取或剪取茎枝	800g	
	化橘红	用随机法在种植区内5~7棵树木的上、中、下、里、外等不同部位采集果实，每棵树采集量基本相同	600g	
	沉香叶	用随机法在种植区内5~7棵树木的上、中、下、里、外等不同部位采集样品，每棵树采集量基本相同	1.0kg	
	佛手	用随机法在种植区内5~7棵树的上、中、下、里、外等不同部位采集果实，每棵树采集量基本相同	800g	
	金线莲	用随机法在种植区选择5个以上抽样点上采集全草，或以每个大棚为一个抽样批次	600g	
	鸡骨草	根据实际地形区域，可选随机法、梅花法、等距法等方法挖取全株，采集点数不少于5个	600g	
	玉竹	根据实际地形区域，可选随机法、梅花法、等距法等方法采样，采集点数不少于5个。挖起植株后剪取地下根茎	1.0kg	
坚果/干果	板栗、澳洲坚果	1.用随机法在种植区内5~7棵树木的上、中、下、里、外等不同部位采集果实，每棵树采集量基本相同。2.在样品库随机抽取同一生产（收获）日期的样品为一个抽样批次	果：3~5kg 果仁：1.0~1.5kg	抽取样品时，带外果皮样品的量不少于3kg；板栗脱壳后果仁不少于1.0kg；澳洲坚果脱壳后果仁不少于1.5kg；
根茎类调味料	桂皮	在样品库随机抽取同一生产（收获）日期的样品为一个抽样批次	600g	

续表

类型	产品	抽样方法	抽样量	备注
种子类调味料	八角	用随机法在种植区内5～7棵树木的上、中、下、里、外等不同部位采集果实，每棵树采集量基本相同	600g	
水果类	橄榄	用随机法在种植区内5～7棵树木的上、中、下、里、外等不同部位采集果实，每棵树采集量基本相同	1.0kg	橄榄可以在树下用网铺开后，操作人员在树上将样品打下，收网选取合格样品
食用花卉	食用玫瑰花	用随机法在种植区内8～15棵树木的上、中、下、里、外等不同部位采集样品，每棵树采集量基本相同	600g	
食用花卉	金花茶	用随机法在种植区内8～15棵树木的上、中、下、里、外等不同部位采集样品，每棵树采集量基本相同	800g	
食用菌	灵芝、香菇、竹荪等	用随机法在种植区或者大棚内选择7～10个抽样点，或者在菌包上采集	600g	
其他产品		参照以上标准，根据品种特性抽样	0.6～1.5kg	
备注	1.从生产企业的样品库中抽取样品时，使用随机法抽取同一生产（收获）日期的样品为一个抽样批次。抽样时应随机从多个堆垛、包装容器中抽取样品。 2.抽取砂仁、石斛、灵芝等名贵品种，样品抽样量可根据检验量实际情况适量调整			

5.林产品抽样过程图

图2-10　竹笋抽样照片

图2-11　油茶籽抽样照片

图2-12　五指毛桃抽样照片

图2-13　砂仁抽样照片

图2-14　益智抽样照片

图2-15　猴耳环抽样照片

图2-16　巴戟天抽样照片

图2-17　沉香叶抽样照片

图2-18　食用菌抽样照片

图2-19 桂皮抽样照片

图2-20 澳洲坚果抽样照片

图2-21 板栗抽样照片

图2-22 佛手抽样照片

图2-23 石斛抽样照片

图2-24 化橘红抽样照片

图2-25 八角抽样照片

图2-26 橄榄抽样照片

6.林产品的采样及处理注意事项

采样时应抽取无虫蛀、霉变、破损、腐烂、长菌或有其他表面损伤的食用林产品；应选取成熟度相近的样品；应除去泥土、粘附物及萎蔫、受损部分。抽取不同的样品时，推荐使用一次性手套，每抽一个样品时更换一次，避免交叉污染。抽样全过程所有使用的用具、容器具都要保证不会对样品造成二次污染。

（1）全株样品：挖取林产品全株，抖去泥土、杂质，根据需要砍切或剪断为几段后装袋。

图2-27　全株样品

（2）地上部分样品：麻竹笋等大个样品在竹鞭处切断，勿伤根部，在满足采样量前提下可适当砍去部分，剥去部分笋壳。

图2-28　地上部分样品

（3）根状类样品：五指毛桃、牛大力等根类样品应沿着根部生长位置挖掘采样，应尽量剔除粘附的泥土、杂质，如根太长可缠绕或者剪为几段。

第二章　抽样技术与样品管理

图2-29　根状类样品

（4）果状类样品：橄榄、余甘子、益智、砂仁、八角等果状类样品，应剔除虫蛀、破损的，再选合格的装袋。

图2-30　果状类样品

（5）带壳类样品：板栗、澳洲坚果、油茶籽等带外果皮产品可去除外果皮，选合格的装袋。

图2-31　带壳类样品

53

（6）叶类样品：沉香叶、桂叶等叶类样品，应选无虫蛀、无破损的装袋。

图2-32　叶类样品

（7）花类样品：食用玫瑰、金花茶等花类样品，应剔除虫蛀、破损的，再选合格的装袋。

图2-33　花类样品

（8）树皮类样品：肉桂等树皮类样品，应剔除虫蛀、霉变的，再选合格的装袋。

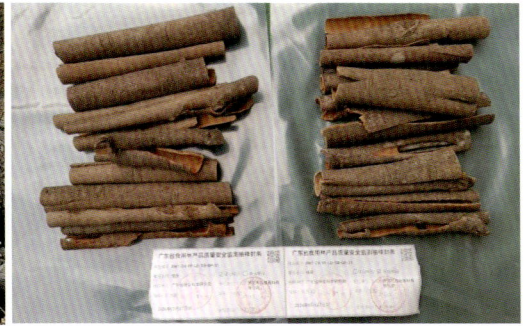

图2-34　树皮类样品

（二）产地环境抽样方法

产地环境抽样参照《农田土壤环境质量监测技术规范》（NY/T 395-2012）和《土壤环境监测技术规范》（HJ/T 166-2004）。

1.产地环境抽样方法和抽样量见表2-3。

表2-3　产地环境抽样方法和抽样量

产品	抽样方法	抽样量	备注
土壤	土壤取样按《土壤环境监测技术规范》（HJ/T 166-2004）和《农田土壤环境质量监测技术规范》（NY/T 395-2012）的要求。以相对集中的原则划分抽样区域，每个区域采集1批次样品。除去表面腐殖质层后，采集深度0~20cm，自下而上均匀地取出剖面的土壤约0.5kg。多点土样混合均匀，按四分法取1kg装袋	1.0kg	在抽取食用林产品的同时，抽取与产品对应的产地土壤；对于种植亩数较多的企业，可以5~8批食用林产品抽取对应土壤1批
基质	用随机法在种植区或者大棚内选择5个抽样点采集	1.0kg	
肥料	在企业仓库，从同一批次产品的不同包装中抽取相同数量的样品	1.0kg	

2.产地环境抽样

图2-35 产地环境抽样过程图

3.产地环境的采样及处理注意事项

抽取食用林产品对应的土壤\基质\肥料样品，应挑去土壤中的砂砾、植物根系等杂质异物后放入对应抽样袋内。

测定重金属的样品，尽量用竹铲、木铲、竹片直接采取样品；或用铁铲、取土钻挖掘后，用竹铲、木铲、竹片刮去与金属采样器接触的部分，再用竹片采取样品。

七、抽样程序

（一）现场沟通

按抽样计划，抽样人员与当地林业部门对接后，到达受检单位种植基地/生产基地/仓库。

抽样人员应穿戴工作服、佩戴工作证，主动向受检单位说明来意，出示监测抽样告知书、抽样人员证件，说明抽样内容等。与受检单位相关负责人进一步沟通，收集种植品种、种植面积、区域分布、施肥喷药、采收、经济效益等信息。

图2-36　了解企业种植情况照片

（二）布点、选点

（1）按图2-6布点办法选点布点，分配抽样人员，开始抽样。

（2）按图2-9采样点选择方法选择采样点。

（三）样品编号

根据编号原则，确定样品编号，可在包装袋、包装容器上先用油性笔提前填写编号。

图2-37 填写样品编号照片

（四）安全防护

进入食用林产品及土壤野外种植区采样前，抽样员需做好安全防护工作：

（1）严禁单人户外作业，作业人员应打开对讲机保持联系并与其他组员维持适当距离以便应急协助，穿防滑工作鞋、戴工作手套，遮阳防晒、配备雨衣和急救用品；

（2）采样时提前喷洒防蚊、防蛇喷雾，必须认真对工作场地进行检查，特别要注意是否有毒蛇、毒蜂、红火蚁等危险因素，确认无危险因素后，方可工作；

（3）如遇雷雨、台风、冰雹等极端天气，应立即停止采样，马上撤离到安全区域避险；雷雨天气禁止在孤立的大树下、山顶避雨；

（4）夏天野外作业时，必须做好防暑工作，预防中暑；

（5）干燥易燃气候状况下应注意森林防火，严禁在林地吸烟、生火。

（五）采样

林产品及其产地环境采用前述采样方法进行采样。

（六）定位

采样时，在每个抽样点使用地图软件及时定位并记录。

（七）分样和封样

1.分样

食用林产品样品现场抽（采）取、混合均匀后，等分为两份，分别包装，一份为待测样品，一份为备份样品。待测样品优先采取现场制样，制样后再分为检测样品和留样样品。从基地或种植户抽样时，若不具备现场制样条件的，应将待测样品运回实验室，制样后再分为检测样品和复检样品。

2.封样

（1）封样原则：封样可采取直接封样和现场制样后再封样两种形式。具备现场制样、封样条件的，优先采取现场制样后再封样方式，以保证抽取样品的签封状态一致。同时，抽样人员应告知受检单位（个人）现场制样、封样的必要性和依据。

（2）封样方式：样品按待测样品（检测样品和复检样品）、备份样品分装后现场封样。抽样人员现场填写《广东省食用林产品质量安全监测封条》（样式见附录附表1），经抽样人员和受检单位（个人）签字确认后封样。

3.样品处理：搭建工作区域，铺开帆布，防止地面上的污染物，准备不锈钢刀、砧板、塑料袋、不锈钢勺子、封样袋、电子秤、封箱胶等工具，接触样品的封样人员戴好一次性手套，避免污染样品。

4.样品称量：按样品采样量要求，把待测样品和备份样品分别称量，留够检验量，多余的样品弃去。

5.将样品分为待测样品和备份样品各1份，铺于干净透明塑料袋表面，把对应的食用林产品质量安全监测封条（以下简称封条，封条内容包括样品编号、样品名称、受检单位和抽样单位的名称、签名、盖章、封样日期等信息，参考版本见附录附表1）放在样品前，拍摄1张封样前的样品及封条的照片。

图2-38 拍摄封样前的样品及封条照片

6.拍照后，样品应放入透明自封塑料袋中密封。特殊样品可以使用特殊包装材料封样包装。

图2-39 现场封样包装照片

7.封样

（1）将包装好的样品贴上封条：封条贴在塑料袋口上或封样容器口上，之后用透明胶覆盖表面并缠绕稳固，确保样品袋和封条撕开后无法恢复原状。

（2）如装入的样品是鲜品，允许在塑料袋上打几个小孔通风。

（3）拍摄封样后的样品照片，包括待测样品和备份样品。拍摄时注意避免反光导致信息不清楚。

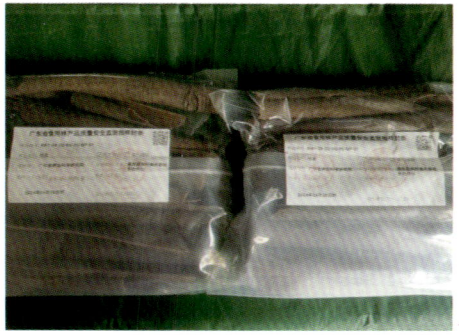

图2-40 样品封样前后照片

8.抽样人员要与受检单位人员共同确认样品的真实性和代表性。

（九）文书填写

1.填写/打印封条（参见附录附表1）：每批样品需2张封条，一张待测样品，一张备份样品，分别填写并勾选；样品名称应准确、规范；受检单位代表签字、盖章，抽样人员至少2人签字，填写日期。

图2-41　受检单位代表签名照片

封条内容包含样品名称、样品编号、样品分类、抽样单位和受检单位人员签名、盖章、抽样日期等，抽样单位可根据实际情况选择标签与封条分别制作的方式，满足以上基本内容即可。

2.在现场认真填写纸质版抽样单（参见附录附表2），录入抽样管理系统（以下简称系统），准确记录抽样的相关信息，纸质版抽样单需填写的内容/系统需选择或者录入（以下统称记录）内容包括：

（1）任务来源：如×××林业局、×××自然资源局。

（2）抽检时间：按年月日顺序记录抽检时间。

（3）食用林产品编号：按编号原则记录编号（抽取林产品时记录，抽取土壤/基质时不记录）。

（4）土壤/基质样品编号：按编号原则记录编号（抽取土壤/基质时记录，抽取林产品时不记录）。

（5）采样地点：记录省、市、县/区、镇、村、门牌号/地名等信息。

（6）监测场所：根据监测对象类型选择标准化基地/林业龙头企业/合作社/个体/其他。

（7）经纬度信息：记录采样点的经纬度：度、分、秒信息，秒应精确到小数点后2位。

（8）土壤类型：抽取林产品和基质、肥料时无需记录。抽取土壤时选择：砂土/壤土/黏土，食用林产品种植土壤大部分为壤土。

（9）土壤采样深度：抽取林产品和基质、肥料时无需填写。抽取土壤时记录具体的采样深度，如20cm。

（10）品种名称：记录食用林产品名称，抽取土壤/基质/肥料时，可记录为：食用林产品土壤/基质/肥料，如竹笋土壤、灵芝基质。

（11）采样部位：记录食用林产品采样的部位，如全株、根、叶、果、种仁等。

（12）样品状态：记录食用林产品的状态，勾选鲜品、干品或其他。抽土壤时勾选"其他"。

（13）抽样数量：记录所采的样品的数量，以kg为单位。

（14）生产规模：抽取食用林产品时，记录种植/库存/微生物3个选项，在种植基地抽样，选"种植"，在仓库采样，选"库存"，采收菌菇类，选"微生物"。抽土壤时，选"种植"选项。

（15）受检单位名称：填写受检单位名称。

（16）受检单位地址：填写受检单位地址，该地址是受检单位营业执照/个体户证书注册/登记的地址。

（17）法人代表姓名和联系电话：填写法人或者主要负责人的姓名和联系电话。

（18）主管单位代表姓名和联系电话：填写主管单位如当地林业局代表姓名和联系电话。

（19）非自营选项：当受检单位库品区样品非自营种植产地来源的，需填写样品产地来源。

（20）受检单位代表签字、盖公章：受检单位代表签字、盖公章，如现场无法提供公章，可以按指模代替。

（21）抽样人员签字、抽样单位盖章：抽样人员至少2人签名，盖单位公章。

3.填写食用林产品质量安全监测工作质量及纪律反馈单：反馈单由受检单位填写，记录本次抽样的样品名称、时间，对工作纪律、工作态度、公正性、及时性进行评价，并提出工作建议，填表人签名、盖章。

（十）拍摄要求

拍摄以下几部分照片：①现场工作照片；②采样照片；③封样前照片；④封样后照片。

1.现场工作照片

（1）门口照片：如受检单位大门、厂牌标识等；

（2）基地照片：基地大门、种植基地周边环境、周围标志性建筑物；

（3）企业证照：如受检单位营业执照、生产许可证、个体工商户、家庭林场等证照；

（4）企业荣誉：如林业龙头企业、标准化示范基地等荣誉证书；

（5）工作过程：如抽样人员将监督抽查方案有关内容告知受检单位相关负责人的过程、受检单位相关负责人在阅读告知书的过程、支付样品费用等照片；

（6）拍摄封样工作过程照片。

图2-42 封样工作过程照片

2.采样照片

（1）林产品采样照片。拍摄食用林产品抽样的过程照片，样品远景、近景、特写照片，五点法采样照片；

图2-43 抽样工作过程照片

如是仓库采样,需拍摄仓库外观、样品堆叠、样品包装、抽取样品的照片。

图2-44 仓库样品照片

(2)土壤采样照片。五点法采样时,需拍摄每个点土壤挖掘深度照片、土壤周边情况照片、抽取土壤装入袋的照片。

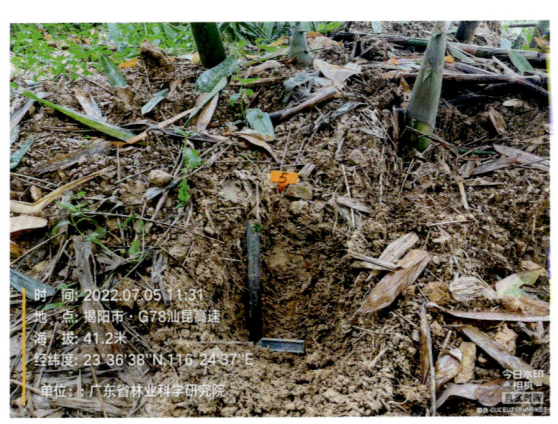

图2-45 土壤采样照片

(3)基质采样照片。五点法采样时,需拍摄每个点照片、基质周边情况照片、抽取基质装入袋的照片。

（4）肥料采样照片。五点法采样时，需拍摄每个点照片、肥料袋正面照片、肥料袋背面照片、抽取肥料装入袋的照片。

3.封样前照片。拍摄待测样品和备份样品及其封条封样前照片。

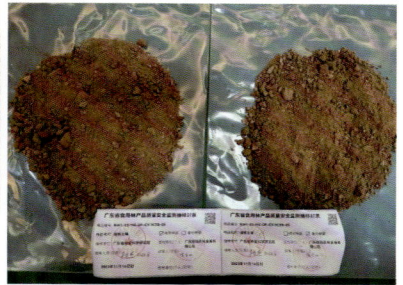

图2-46　样品封样前照片

4.封样后照片

拍摄待测样品和备份样品封样后的照片，样品需摆放整齐，封条应能看清楚，拍照时避免反光。

图2-47　样品封样后照片

（十一）购买样品

抽样单位按市场价格购买抽样的样品，受检单位按相关规定开具发票或收据。

（十二）特殊情况处理

由于遇到抽样点关闭、天气状况、刚喷药打药等特殊情况造成不能抽样的，应及时向任务下达单位汇报情况，根据情况调整抽样计划。

（十三）抽样工作纪律

1.仪容仪表要求

抽样员应着装整齐，证件齐备，语言规范，礼貌待人。

2.行为规范

（1）抽样员应依据抽样方案、抽样计划、抽样工作手册等开展工作，不得擅自违反相关规定；

（2）抽样员应公平、公正，不得徇私情，不得参与任何影响抽样工作公正性的活动；

（3）抽样员应遵守保密规定，不得私自泄露抽样计划，对样品、技术方案和检测结果等负保密责任。

3.廉洁规范

（1）不得接受受检单位的宴请、礼金、礼品等；

（2）不得将抽取的样品带回家或者随意存放；

（3）不得故意刁难受检单位，不得提出任何和抽样工作无关的要求。

八、抽样后样品运输

1.加封后的样品应在48小时内送达检测实验室。运输工具应清洁卫生，运输过程中需保持外包装完好，小心搬运，以免样品变质、受损、失水或遭受污染。

图2-48　样品常温装箱运输照片

2.新鲜的样品，应选择能保持低温的容器，低温包装时，应使用适当的材料包裹样品，避免与冷冻剂接触造成冻伤。冷冻剂不可使用碎冰。样品应在24小时内送达检测实验室。

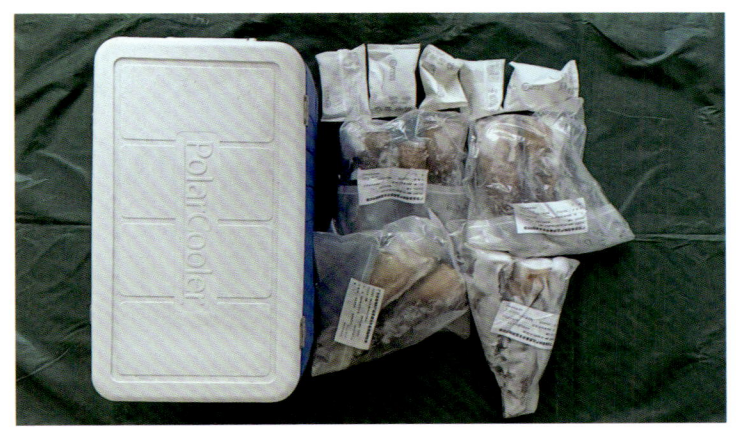

图2-49　样品低温装箱运输照片

3.除非征得实验室同意，否则样品不宜在星期五或法定节假日前一天送达。

第二节　实验室样品管理

一、实验室样品管理目的

实验室样品管理目的是对样品在接收、流转、贮藏、处置等过程实施有效的控制管理，保证样品在记录、测试使用或其他文件中提及时不会混淆，保证样品在测试过程中的可溯源性，并为受检单位保密。

二、实验室样品管理范围

本流程适用于实验室样品接收、流转、贮藏、处置等过程的管理。

三、实验室样品管理职责

1.接样员负责样品接收、标识的管理。
2.样品管理员负责样品流转、贮藏、处置的管理。
3.检验检测人员负责样品制备、检验检测的管理。

四、实验室样品管理流程

（一）样品的接收

1.接样员接收邮寄的样品时，应检查、记录样品状态（包括外观、数量、型号、规格等），并清点样品及其配件、资料，检查样品的性质和状态是否适宜进行所要求的检测，认真填写《样品流转单》（附录附表7），所提供的服务经客户同意后以文书形式签字确认。样品由专人送到实验室时，送样者和接样员双方同时清点核实样品，并在样品交接记录表（附录附表3）上签字确认，由双方各存一份备查。

2.接样员需要核查以下样品情况：

（1）根据抽样单、样品交接记录表内容，核查样品信息是否与检测委托协议或其他文书记录一致，包括送样人、送检编号、送检单位、受检单位、样品名称、样品数量、送检日期、样品标识、检验项目、保存条件等；

（2）检查样品的性质和状态是否适宜进行所要求的检测；

（3）核查样品包装的密封性和封条的完整性，应核对样品包装上的密封日期、签名、其他证明审核是否与委托检验协议或其他文书记录一致；

（4）核查样品数量，送样量应满足检测项目要求和实验室样品备份要求；

（5）样品的检验检测参数或方式是否明确，判定依据是否符合相关标准要求；

（6）需加急检测的样品，要注明检验要求，并及时通知相关检

测实验室负责人;

（7）其他影响样品原始特性的情况。

核查信息不齐全或样品出现异常时，接样员应在开始检测工作之前与项目负责人联系，进一步明确送检要求，并记录变更的内容。

3.存在以下情况之一，实验室可拒绝接收样品，并登记在异常样品接收记录表（附录附表4）：

（1）样品运输条件不当，影响了样品的原始特性；

（2）使用错误的容器盛装样品；

（3）样品保质期已过，客户有特殊要求的除外；

（4）存在已知的取样错误。

接样员根据流转单及时将相关信息输入计算机，建立样品管理台账（参考附录附表5），登记来样样品与检测报告跟踪对应表（表2-4）。样品如有信息修改、调整和特殊说明，均应在样品管理台账中备注。

表2-4 来样样品与检测报告跟踪对应表

序号	接受日期	送检单位	检测项目	样品编辑（即时登记）	报告编辑（事后补录）
1					
2					
3					

（二）样品的编码

1.接样员根据输入的样品管理台账，对样品进行分别编号，加贴唯一识别标志，并注明样品的状态。

2.接样员应在《委托单》《流转单》《检测报告》填写该批次的

样品编号，与报告编号一致。

3.样品唯一编号，按承检单位实验室内部程序文件的要求编码。

（三）样品的标识

1.接样员要加贴样品唯一识别标识，如图2-50所示。样品的标识包括样品的唯一性编号标识和检验检测过程中的状态标识。样品的唯一性编号标识可贴在样品上或贴（写）在样品袋（器皿）上。

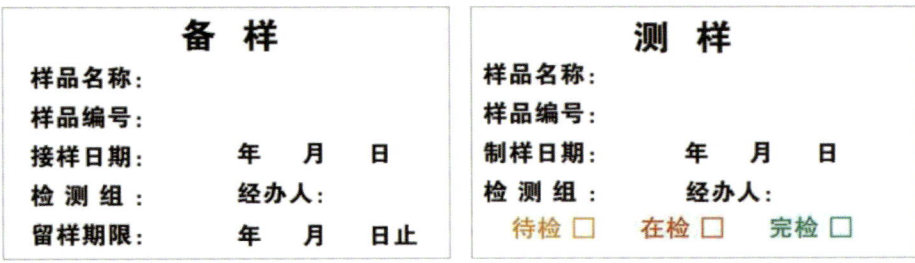

图2-50　样品标识示例

2.标识的保留

备份样品标识由检测组保留，待测样品标识在测试结束后由样品管理员办理归档、保存手续。

（四）样品的流转

1.样品管理员对张贴唯一识别标识的样品进行验收，在样品标识上相应状态处打"√"，做好样品保存记录（附录附表6）。

2.实验室负责人与样品管理员确认好样品标识并验收之后，分配检测任务给相应的检测人员，检测人员前来认领样品。实验室接收样品，并填写样品流转记录（附录附表7），检测人员应根据登记的样品信息核对样品状态,检查是否存在差异,如密封情况、包装、标识、性状等,有任何异常需立即报告给样品管理员。同时在样品标签的"在检"处打"√",进入检测准备阶段。检测人员领取原装样品的,取样完毕后,将剩余样品退还给样品管理员,并做好还样记录。

3.检验检测完毕的样品,样品管理员在样品标签上"已检"处打"√"。

4.检验机构在检测过程中自行对检验结果进行复验时所采用的样品,应为抽取的检验样品,不得采用备份样品。

5.当需要异议处理或仲裁复议时,应按程序,经相关方确认后,启用备份样品。性状易变、待测组分不稳定或需要做微生物检测的样品不进行复检。

（五）样品的贮存

1.样品室按样品领域分为土壤区域、冷冻区域、冷藏区域、常温干燥保存区域等,配备样品间及样品架(柜)。样品间由样品管理专员负责,限制人员出入。各类样品应按领域分类存放,标识清楚,做到账物一致。

2.样品管理员应按照样品标签、检测项目要求或样品特性要求妥善保存样品,保证样品状态的完好性、完整性,避免样品在存储过程中发生性状改变、霉变、污染、丢失或损坏等。

样品存储环境应安全、无腐蚀、防潮、控温、清洁且通风良好,样品管理员并做好相关监控和记录工作。无特殊要求时,干性样品或稳定性较好的样品,室内保存温度应在10℃～30℃,湿度应在20%～80%;需冷冻保存的样品,保存温度应在-30℃～-10℃保存,需冷藏保存的样品，保存温度应在2℃～10℃保存。

样品管理员应对样品室的环境条件及冰箱、冰柜等温湿度进行监控和记录，确保环境条件满足样品存储要求。高温、多雨季节要随时检查样品保存条件，检查样品是否有串味、陈化、霉变和污染等情况。

3.食用林产品样品保存期限：根据国家市场监管总局印发的《食用农产品抽样检验和核查处置规定》要求，合格样品的备份样品应继续保存3个月，不合格样品的备份样品应继续保存6个月。如客户有其他要求，则适当延长样品的保存期限。留样期内的样品不得以任何理由挪作他用。

4.土壤样品保存期限：分析取用后的剩余样品一般保留半年，预留样品一般保留2年。特殊、珍稀、需仲裁或有争议的样品一般要永久保存。

（六）废弃样品处理

1.在检样品、待测样品和备份样品应至少保存到出具检验报告后的仲裁申诉期结束。

2.客户要求退回的样品（包括客户委托处理的样品）：项目负责人与客户签订的有关测试委托合同、协议或有关规定要求，向样品室调取样品，并做好记录。将调取的样品发送给客户，并做好记录。邮寄时，需维持样品的保存条件。

3.过期的样品应经实验室负责人审批后，交由样品管理员统一处理，并登记样品处置记录表（附录附表8）。

4.应根据样品特性，在保证对环境和人员健康安全没有影响的情况下，对样品进行分类处置，如根据样品的已知特性或检测结果，将样品分成有害或无害。

5.废弃样品处理均需先破坏外包装，剪碎标识卡等样品信息，一般样品可按生活垃圾处理；超出允许使用限量和残留限量的，对环境有潜在污染危害的样品为不合格样品，经物理（捣烂、剪碎、泼墨水）破坏后按生活垃圾处理。

（七）样品管理流程图

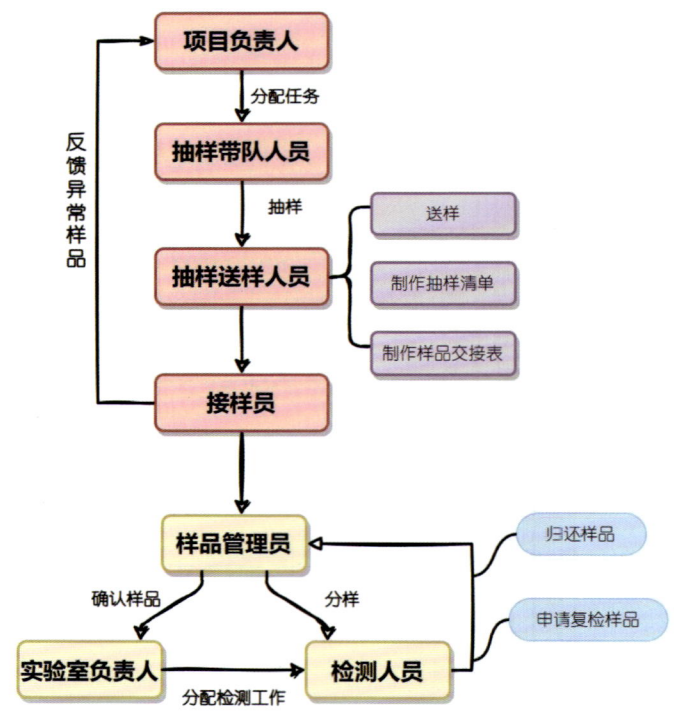

图2-51 样品管理流程图

第三章 检测技术

第一节　食用林产品定量检测技术

一、定量检测的分类

定量检测是测定物质中各组分含量，明晰各组分的数量或物质的纯度的检测方法。根据分析所需试样的量，定量分析分为常量分析、半微量分析、微量分析和超微量分析（表3-1）；按被测组分在试样中相对含量，分为常量组分分析、微量组分分析及痕量组分分析（表3-2）；按分析原理，分为化学分析和仪器分析。这也是定量分析的两种实现手段（图3-1）。

表3-1　按所需试样的量

	常量分析	微量分析		超微量分析
		半微量分析	微量分析	
所需试样质量m（mg）	≥100	10～100	0.1～10	≤0.1
所需试样体积V（mL）	≥10	1～10	0.01～1	≤0.01
质量分数（%）	≥1		0.01～1	≤0.01

表3-2　按试样中各组分相对含量

分类名称	质量分数/%
常量组分分析	≥1
微量组分分析	0.01～1
痕量组分分析	≤0.01

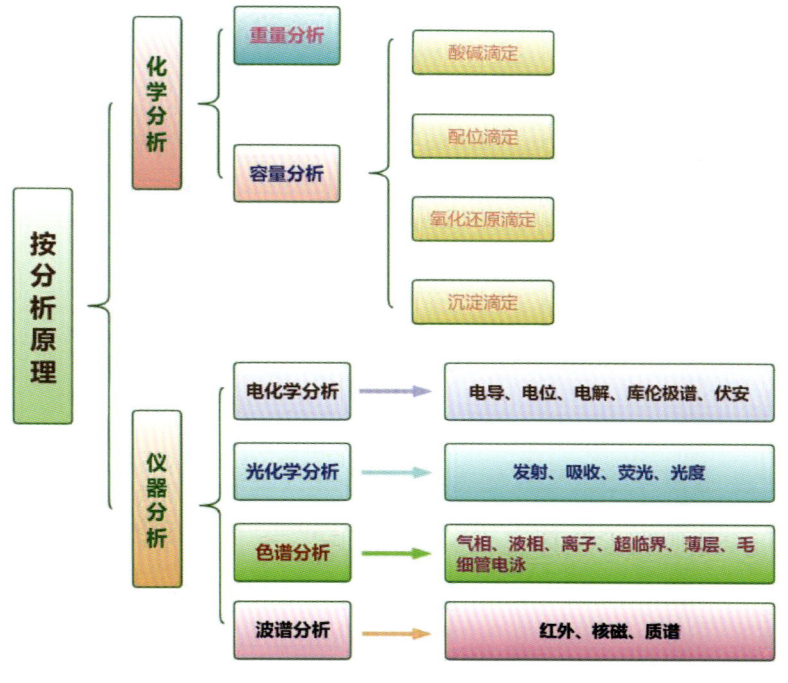

图3-1 按分析原理

（一）化学分析法

化学分析法是指以化学反应为基础的方法，属于常量分析范畴，检测准确度高，其相对误差（Relative Error，RE）一般小于0.1%。包括重量分析法和容量分析法，重量分析法用于测定物质的绝对值；而容量分析法测定物质的相对量，主要手段是滴定分析。

（二）仪器分析法

仪器分析法是指以被测物质的物理及化学性质为基础建立的方法，亦称物理化学分析法。通过测量待测组分的光、电、磁、声、热等物理量得到检测结果，需使用较复杂或特殊仪器设备，主要包括光化学分析法、电化学分析法、色谱分析法和波谱分析法。仪器分析法普遍具有分离性高、检测限低、灵敏度高、重复性好、准确度高等优点，但存在检测成本高、前处理步骤繁杂等缺点。仪器分析多属于微量分析，检测快速灵敏，相对误差较大，但绝对误差（Absolute Error，AE）不大。

二、食用林产品定量检测的目的和意义

针对食用林产品的生产和种植，定量检测是监测食用林产品质量安全的极其重要的工具和手段，是食用林产品风险预测和安全保障的基础，食用林产品产地土壤重金属及有害元素、土壤成分、肥料、农药残留到营养成分分析等都离不开定量检测。

民以食为天，食以安为先。食用林产品质量安全是食品安全的重要内容，近年来，国家层面对食品安全检验检测管理体系也十分重视，采取了一系列措施加强食品安全管理，国家和各省都将食用林产品安全纳入食品安全范畴进行考核。广东是林业产业大省，全省林业产业总产值超过8 000亿元，已连续多年保持全国第一。随着林业产业结构的调整，以森林药材、森林食品、森林油料等为主的经济林产业也蓬勃发展。发展至今，广东省经济林面积已超过2 000万亩，经济林产业成为出口创汇、带动地方经济发展、促进农民脱贫致富的重要途径，生产的香菇、肉桂、巴戟天、橘红和五指毛桃等已成为日常生活的重要食物。随着经济社会发展和人民生活水平的不断提高，人们对食用林产品的需求也日益增长，食用林产品质量安全越来越受到全社会的高度重视和广泛关注。食用林产品的定量检测一般是指仪器

检测，重点关注食用林产品及其产地土壤的重金属及有害元素污染和农药残留情况。目前食用林产品中重金属和农药残留超标问题仍然存在，长期食用超标产品会危害身体健康，加强食用林产品中重金属及有害元素、有机农药残留的检验检测具有重大意义。

三、重金属及有害元素

重金属原指密度大于 $4.5g/cm^3$ 的金属。就食用林产品质量安全和环境污染而言，重金属及有害元素主要是指铅、镉、汞（俗称水银）、铜、铬、镍、锌及类金属砷等生物毒性显著的重金属元素。

重金属及有害元素是非常难以生物降解的重要污染物，也是常见污染物，具有难迁移、残留时间长、隐蔽性强、毒性大等特点，在食物链的生物放大作用下，呈千百倍富集，最后进入人体。重金属在人体内能和蛋白质及酶等发生强烈作用，使蛋白质和酶失活，也可在某些器官中累积，造成慢性中毒，损害人体神经、免疫、血液、生殖、内分泌、消化等多个系统，干扰新陈代谢，具有致癌、致畸的健康危害。常见重金属对人体的危害主要有：

（一）铅超标危害

铅被人体吸收后进入神经和血液系统，主要对神经、造血系统和肾脏产生危害，慢性铅中毒表现为神经学缺陷、肾机能障碍和贫血。儿童耐铅力很弱，其中毒显著症状是大脑和中枢神经系统受害，出现行为异常、发育迟缓，影响智力发育。"小儿城市交通病"就是由于汽油中抗爆剂四乙基铅导致汽车尾气中富含铅及其化合物，患病婴幼儿往往出现贫血、眼疾、口腔疾病以及肾炎、智商下降等特异性损害。

（二）镉超标危害

镉可在人体中积累，引起急、慢性中毒。急性中毒可使人呕血、腹痛，甚至导致死亡；慢性中毒使肾功能损伤，破坏骨骼，致使骨痛、骨质软化、瘫痪。镉对人体严重的毒害事件曾在日本神通川流域（骨痛病）发生，由于当地稻农使用含镉废水灌溉水稻，人们食用被含镉废水污染的稻米后，肾脏和消化系统受到损害，发生骨质软化和剧痛的骨折。

（三）砷超标危害

砷主要通过土壤、空气及水源被动植物吸收，一旦中毒就会出现呕吐、腹痛等症状。大量使用含砷农药化肥，或接触含砷食品容器，可能会导致食品金属砷含量严重超标。慢性砷中毒可引起皮肤病变及神经系统、消化系统和心血管系统障碍，会破坏人体细胞的代谢系统，常表现为胃肠炎、神经衰弱及皮肤色素不正常等现象。

（四）汞超标危害

汞主要危害中枢神经系统，造成汞中毒引起的四肢麻痹，运动失调、视野变窄、听力困难等症状，重者心力衰竭死亡。慢性无机汞中毒表现为食欲不振、体重锐减、全身乏力、记忆力减退、神经过敏；急性汞中毒则表现为糜烂性支气管炎、间质性肺炎、消化道溃疡和急性肾功能衰竭等症状。在微生物作用下，无机汞甲基化后成为甲基汞，超过

95%的汞吸收来源于甲基汞,甲基汞是毒性最大的一种汞化合物。

(五)铬超标危害

铬可在肝、肾、肺积聚,长期接触铬,可能导致铬中毒。铬对皮肤、黏膜、消化道有刺激性和腐蚀性,能致使皮肤充血、糜烂、溃疡,甚至出现鼻穿孔,患皮肤癌。

四、农药残留

农药是指用于预防、消灭或控制危害农业及林业的病、虫、草和其他有害生物以及有目的地调节植物、昆虫的生长,化学合成或来源于生物、其他天然物质的一种或几种物质的混合物及其制剂。主要分为有机磷、有机氯、菊酯类、氨基甲酸酯、植物生长调节剂等类别。

农药残留(Pesticideresidues)是指农药使用后残存于生物体、农林产品(或食品)及环境中的微量农药,也包括农药的有毒代谢物和杂质,是农药及其他相关物质的总称。残存的农药残留数量称为残留量,以每千克样本中有多少毫克(mg/kg)表示。

(一)农药残留的危害

农药残留是施药后的必然现象,如果超过最大残留限量标准,会对人畜产生不良影响。因摄入或长时间重复暴露,农药残留对人、畜以及有益生物产生急性中毒或慢性毒害,称为农药残留毒性。常见的农药残留危害有如下几种:

1.有机氯农药残留的危害

有机氯农药化学性质稳定，难以生物降解，脂溶性强，易在生物体富集，主要包含六六六、滴滴涕、六氯苯、七氯、艾氏剂、狄氏剂、异狄氏剂等。有机氯农药可在人体内脂肪组织中蓄积，引起慢性中毒，主要表现为食欲不振，上腹部和肋下疼痛，头晕、头痛、乏力、失眠、噩梦等不良症状。严重情况则引发高血压、糖尿病、认知功能障碍、神经类疾病等。若接触高毒性氯丹和七氯，还会出现肝脏肿大、肝功能异常等症状。

2.有机磷农药残留的危害

有机磷农药主要包含马拉硫磷、乐果、氧化乐果、对硫磷等，对人体的危害以急性毒性为主，会出现一系列神经中毒症状，如出汗、震颤、精神错乱、语言失常，严重者会出现呼吸麻痹，甚至死亡。

3.氨基甲酸酯类农药残留的危害

相对于有机氯农药及有机磷农药，氨基甲酸酯类农药较为安全，但是长期的残留依然会带来风险。联合国粮农组织和世界卫生组织下辖的食品添加剂专家委员会（JECFA）认为，经食物（不包括酒精饮品）摄入的氨基甲酸酯类，对人体健康的影响并不大，但经食物和酒精饮品摄入的氨基甲酸酯类总量超标，则可能对人体健康构成潜在的风险。

（二）农药危害分级标准

世界卫生组织推荐的农药危害分级标准，主要根据是农药的急性经口和经皮LD_{50}值（大鼠）。

表3-3 农药危害分级示例

化合物名称	LD_{50}值（mg/kg）	毒性评价	毒性评价指标LD_{50}值（mg/kg）
克百威	5.3		
对硫磷	10	高毒	5~50
氧化乐果	50		
二嗪磷	66		
氯氰菊酯	251	中等毒	50~500
吡虫啉	450		
多效唑	2000	低毒	>500
腐霉利	6800		
百菌清	10000		

（三）禁用限用农药

禁用农药是指停止生产和销售，并在所有作物上都不能使用的农药。如高毒农药对硫磷，已经全面停止生产销售，任何作物都不可使用。限用农药是指有些作物上不能用，有些作物上可以使用。如毒死蜱和三唑磷禁止在蔬菜上使用，但在其他作物上可以使用。

禁止使用的农药有46种，包括六六六、滴滴涕、毒杀芬、二溴氯丙烷、杀虫脒、二溴乙烷、除草醚、艾氏剂、狄氏剂、汞制剂、砷类、铅类、敌枯双、氟乙酰胺、甘氟、毒鼠强、氟乙酸钠、毒鼠硅、甲胺磷、对硫磷、甲基对硫磷、久效磷、磷胺、苯线磷、地虫硫磷、甲基硫环磷、磷化钙、磷化镁、磷化锌、硫线磷、蝇毒磷、治螟磷、特丁硫磷、氯磺隆、胺苯磺隆、甲磺隆、福美胂、福美甲胂、三氯杀螨醇、林丹、硫丹、溴甲烷、氟虫胺、杀扑磷、百草枯、2,4-滴丁酯。其中溴甲烷仅可用于"检疫熏蒸处理"。

限用农药有20种，其中甲拌磷、甲基异柳磷、水胺硫磷和灭线磷

4种农药自2024年9月1日起禁止销售和使用，过渡期内禁止在蔬菜、瓜果、茶叶、菌类、中草药材上使用，禁止用于防治卫生害虫，禁止用于水生植物的病虫害防治；甲拌磷、甲基异柳磷过渡期内禁止在甘蔗上使用。

表3-4 在部分范围禁止使用的农药（限用农药，20种）

通用名	禁止使用范围
甲拌磷、甲基异柳磷、克百威、水胺硫磷、氧乐果、灭多威、涕灭威、灭线磷	禁止在蔬菜、瓜果、茶叶、菌类、中草药材上使用，禁止用于防治卫生害虫，禁止用于水生植物的病虫害防治
甲拌磷、甲基异柳磷、克百威	禁止在甘蔗作物上使用
内吸磷、硫环磷、氯唑磷	禁止在蔬菜、瓜果、茶叶、中草药材上使用
乙酰甲胺磷、丁硫克百威、乐果	禁止在蔬菜、瓜果、茶叶、菌类和中草药材上使用
毒死蜱、三唑磷 丁酰肼（比久）氰戊菊酯	禁止在蔬菜上使用，禁止在花生上使用，禁止在茶叶上使用
氟虫腈	禁止在所有农作物上使用（玉米等部分旱田种子包衣除外）
氟苯虫酰胺	禁止在水稻上使用

五、食用林产品定量检测指标

（一）定量检测指标的判定

食用林产品产地土壤的风险判定依据国家强制性限量标准《土壤环境质量农用地土壤污染风险管控标准》（GB15618）风险筛选值执行，高于风险筛选值即为产地土壤不合格。

食品安全标准是食品风险保障体系重要组成部分，是唯一强制执行的食品标准，是食品能够合法生产、进入消费市场的最低门槛。食品安全标准分为食品安全国家标准和食品安全地方标准，不得制定其他食品强制性标准。食用林产品的合格判定按照食品安全国家标准中的通用标准执行，其中重金属及有害元素按照限量标准《食品安全国家标准　食品中污染物限量》（GB2762），农药残留按照限量标准《食品安全国家标准　食品中农药最大残留限量》（GB2763）。

结果符合性判定标准应用要注意判定依据使用的合理性。一是标准的时效性，要理清标准发布实施日期与样品生产日期的逻辑关系、不同标准的时效性差异等；二是标准的执行效力，要理清强制标准与推荐性标准、基础标准与产品标准/地方标准/企业标准的优先级及执行条件，优先采用强制标准和基础标准；三是标准的适用范围，只有在适用范围内的样品才可用此标准判定；四是标准间的衔接整合，基础标准对推荐性标准和产品标准进行了整合，发布/实施日期在基础标准之前的推荐性标准和产品标准，其规定与基础标准不一致时，以基础标准为准。另外，也要注意基础标准的使用原则，如《食品安全国家标准　食品中污染物限量》（GB2762）要注意指定检验方法的使用，可食用部位、脱水率、样品分类，以及与其他标准的衔接。《食品安全国家标准　食品中农药最大残留限量》（GB2763）也要注意指定检验方法、目标化合物的表达形式和测试部位等。

使用基础标准GB2763（也是限量标准）的注意事项：

（1）目前我国农残限量值涉及正式限量和临时限量，临时限量法律效力同正式限量。GB2763中临时限量会在数值右上角标注"*"。

（2）GB2763明确了"如某种农药的最大残留限量应用于某一食品类别时，在该类别下的所有食品均适用，有特别规定的除外"。如在竹笋上检测出倍硫磷，在GB2763中没有规定限量，但在蔬菜目下的其他类蔬菜上规定其限量值是0.05mg/kg。由于竹笋属于其他类蔬菜，所以可以按其他类蔬菜的限量值对竹笋进行判定。此类情况在GB2763中有很多，所以在判定前要确定食用林产品的类别。

（3）检出农药没有限量值，其食品类别也没有限量值，但相应食品组的其他作物有限量，不能按其他作物进行外推判定。如在山楂上检出丙环唑，无限量规定，但对枇杷、苹果规定了限量，虽然山楂、枇杷、苹果按食品组均属于仁果类水果，但不能据此外推至山楂。

（4）在限量标准发布后，新实施的食品安全国家标准检测系列（GB23200）同样适用于相应指标的检测。如检测标准GB23200.121适用于限量标准GB2763中相应指标的检测（GB23200.121-2021实施日期在GB2763-2021后，此情况仅适用强制性的食品安全国家标准）。

（5）当限量标准新旧版本更替时，由于食用林产品生产有一定的周期，对于限量标准判定时间的使用，会有一定的缓冲期。例如，GB2763-2021是2021年3月3日发布，9月3日实施，若9月3日前生产，9月4日收获，则应使用新的标准进行判定。

（6）检测指标按照检测标准中的参数进行检测，报出结果应按照GB2763中的规定，如测定甲拌磷时，按照检测标准GB23200.113，要同时测定甲拌磷、甲拌磷砜和甲拌磷亚砜三个参数，报出结果则是将三个检测结果加和，报甲拌磷。

（二）食用林产品定量检测指标

检测标准的选择：在限量标准GB15618、GB2762、GB2763指定方法中选择满足要求的检测标准。GB2763在指定检测标准时有"按照"和"参照"两种表述，其中"按照"表明所规定的方法从产品种类、检测过程及方法定量限均满足限量标准的要求，"参照"表明所推荐的方法从产品种类上与限量标准规定的产品不一致，检测过程有一定的偏离，但可以参照检测。

食用林产品及其产地土壤的风险监测定量检测指标主要由限量标准GB15618、GB2762、GB2763和实际生产确定，因食用林产品种植生产环节较少产生真菌毒素危害，一般不对其进行监测，故定量检测指标一般分为产地土壤的有机污染物、食用林产品的重金属、食用林产品的农药残留。食用林产品主要包括坚果/干果、木本油料、木本香调料、林源药材、森林蔬菜、水果、食用花卉、食用菌和其他（蜂蜜、蜂王浆、蜂胶）九大类。广东省主要食用林产品产地土壤具体检测指标见表3-5。

表3-5 产地土壤监测指标表

产品名称	序号	检测项目	风险筛选值（≤,mg/kg）				判定标准	检测标准
			pH≤5.5	5.5<pH≤6.5	6.5<pH≤7.5	pH>7.5		
土壤、基质	1	镉	0.3	0.3	0.3	0.6	GB15618	GB/T17141、HJ803
	2	汞	1.3	1.8	2.4	3.4		GB/T22105.1 HJ680、HJ923 GB/T17136
	3	砷	40	40	30	25		GB/T22105.2 HJ803、HJ680 NY/T1121.11
	4	铅	70	90	120	170		GB/T17141 HJ803、HJ780
	5	铬	150	150	200	250		HJ491 HJ803、HJ780
	6	铜	50	50	100	100		HJ491 HJ803、HJ780

续表

产品名称	序号	检测项目	风险筛选值（≤,mg/kg）				判定标准	检测标准
			pH≤5.5	5.5<pH≤6.5	6.5<pH≤7.5	pH>7.5		
土壤、基质	7	镍	60	70	100	190	GB15618	HJ491、HJ803、HJ780
	8	锌	200	200	250	300		HJ491、HJ803、HJ780
	9	六六六总量	0.10					HJ835、HJ921、GB/T14550
	10	滴滴涕总量	0.10					HJ835、HJ921、GB/T14550
	11	苯并[a]芘	0.55					HJ805、HJ784、HJ834

注：①六六六总量为α-六六六、β-六六六、γ-六六六、δ-六六六四种异构体的含量总和。
②滴滴涕总量为p,p′-滴滴伊、p,p′-滴滴滴、o,p′-滴滴涕、p,p′-滴滴涕四种衍生物的含量总和。

表3-6 竹笋质量安全监测指标表

序号	检测指标	检测标准	判定标准	限量值(mg/kg)
1	铅	GB5009.12、GB5009.268	GB2762	0.1
2	镉	GB5009.15、GB5009.268	GB2762	0.05
3	总汞	GB5009.17、GB5009.268	GB2762	0.01
4	总砷	GB5009.11、GB5009.268	GB2762	0.5
5	铬	GB5009.123、GB5009.268	GB2762	0.5
6	甲基异柳磷	按照GB23200.113、GB23200.116、GB/T5009.144	GB2763	0.01★
7	吡虫啉	按照GB/T20769、GB/T23379	GB2763	0.1
8	倍硫磷	按照GB23200.8、GB23200.113、GB/T20769	GB2763	0.05
9	苯线磷	按照GB23200.8	GB2763	0.02
10	对硫磷	按照GB23200.113、GB/T5009.145	GB2763	0.01
11	甲胺磷	按照GB23200.113、GB/T5009.103、NY/T761	GB2763	0.05

续表

序号	检测指标	检测标准	判定标准	限量值(mg/kg)
12	克百威	按照GB23200.112、NY/T761	GB2763	0.02
13	乐果	按照GB23200.113、GB23200.116、GB/T5009.145、GB/T20769	GB2763	0.01
14	硫环磷	按照GB23200.113、NY/T761	GB2763	0.03
15	硫线磷	按照GB/T20769	GB2763	0.02
16	氯磺隆	按照GB/T20769	GB2763	0.01
17	氯唑磷	按照GB23200.113、GB/T20769	GB2763	0.01
18	灭多威	按照GB23200.112、NY/T761	GB2763	0.2
19	内吸磷	按照GB/T20769	GB2763	0.02
20	杀虫脒	按照GB/T20769	GB2763	0.01
21	杀扑磷	按照GB23200.8、GB23200.113、GB23200.116、GB/T14553、NY/T761	GB2763	0.05
22	水胺硫磷	按照GB23200.113、GB/T5009.20、NY/T761	GB2763	0.05
23	速灭磷	按照GB23200.113、GB23200.116	GB2763	0.01
24	涕灭威	按照GB23200.112、NY/T761	GB2763	0.03
25	辛硫磷	按照GB/T5009.102、GB/T20769	GB2763	0.05
26	滴滴涕	按照GB23200.113、GB/T5009.19、NY/T761	GB2763	0.05
27	氯菊酯	按照GB23200.8、GB23200.113、NY/T761	GB2763	1
28	庚烯磷	按照GB/T20769	GB2763	0.01★
29	氧乐果	按照GB23200.113、NY/T761、NY/T1379	GB2763	0.02
30	甲萘威	按照GB23200.112、GB/T5009.145、GB/T20769、NY/T761	GB2763	1
31	乙酰甲胺磷	按照GB23200.113、GB23200.116、GB/T5009.103、GB/T5009.145、NY/T761	GB2763	0.02
32	地虫硫磷	按照GB23200.8、GB23200.113	GB2763	0.01
33	敌敌畏	按照GB23200.8、GB23200.113、GB/T5009.20、NY/T761	GB2763	0.2
34	灭线磷	按照GB23200.113、NY/T761	GB2763	0.02
35	甲拌磷	按照GB23200.113、GB23200.116	GB2763	0.01

续表

序号	检测指标	检测标准	判定标准	限量值(mg/kg)
36	久效磷	按照GB23200.113、NY/T761	GB2763	0.03
37	三唑磷	按照GB23200.113、GB23200.116、NY/T761	GB2763	0.05
38	蝇毒磷	按照GB23200.8、GB/T23200.113	GB2763	0.05
39	治螟磷	按照GB23200.8、GB23200.113、NY/T761	GB2763	0.01
40	三氯杀螨醇	按照GB23200.113、NY/T761	GB2763	0.01
41	艾氏剂	按照GB23200.113、GB/T5009.19、NY/T761	GB2763	0.05
42	狄氏剂	按照GB23200.113、GB/T5009.19、NY/T761	GB2763	0.05
43	六六六	按照GB23200.113、GB/T5009.19、NY/T761	GB2763	0.05
44	敌百虫	按照GB/T20769、NY/T761	GB2763	0.2
45	毒死蜱	按照GB23200.8、GB23200.113、GB23200.116、NY/T761、SN/T2158	GB2763	0.02
46	杀螟硫磷	按照GB23200.113、GB/T14553、GB/T20769、NY/T761	GB2763	0.5
47	甲基对硫磷	按照GB23200.113、NY/T761	GB2763	0.02
48	异狄氏剂	按照GB/T5009.19	GB2763	0.05
49	硫丹	按照GB/T5009.19	GB2763	0.05
50	氯丹	按照GB/T5009.19	GB2763	0.02
51	乙酯杀螨醇	按照GB23200.113	GB2763	0.01
52	三氟硝草醚	按照GB23200.113	GB2763	0.01★
53	甲氧滴滴涕	按照GB23200.113	GB2763	0.01
54	氯苯甲醚	按照GB23200.113	GB2763	0.01
55	杀虫眯	按照GB23200.113	GB2763	0.01

★：该限量为临时限量。

表3-7 油茶籽质量安全监测指标表

序号	检测指标	检测标准	判定标准	限量值（mg/kg）
1	铅	GB5009.12、GB5009.268	GB2762	0.2
2	联苯菊酯	按照GB23200.113	GB2763	0.2
3	啶酰菌胺	参照GB/T20769、GB/T20770	GB2763	1
4	庚烯磷	参照GB/T20769	GB2763	0.01★
5	氯磺隆	参照GB/T20769	GB2763	0.02
6	噻虫胺	按照GB23200.39	GB2763	0.02
7	噻虫嗪	按照GB23200.39	GB2763	0.02
8	杀扑磷	参照GB23200.113、GB23200.116	GB2763	0.05
9	速灭磷	按照GB23200.113、GB23200.116	GB2763	0.02
10	硫丹	按照GB/T5009.19	GB2763	0.05
11	烯虫酯	参照GB23200.9	GB2763	4
12	氯氰菊酯和高效氯氰菊酯	按照GB23200.113	GB2763	0.1
13	三氯杀螨醇	按照GB23200.113、GB/T5009.176	GB2763	0.02
14	乙酯杀螨醇	按照GB23200.113	GB2763	0.02
15	氯氟氰菊酯和高效氯氟氰菊酯	按照GB23200.113	GB2763	0.2
16	吡唑醚菌酯	参照GB/T20770	GB2763	0.4
17	甲氧滴滴涕	按照GB23200.113	GB2763	0.01
18	氯苯甲醚	按照GB23200.113	GB2763	0.02
19	三氟硝草醚	按照GB23200.113	GB2763	0.02★
20	杀虫畏	按照GB23200.113	GB2763	0.01

★：该限量为临时限量。

表3-8 林源药用植物质量安全监测指标表

序号	检测指标	检测标准	判定标准	限量值（mg/kg）
1	甲基异柳磷	参照GB23200.113、GB23200.116	GB2763	0.02★
2	甲拌磷	参照GB23200.113、GB23200.116	GB2763	0.01
3	克百威	参照GB23200.112	GB2763	0.02
4	乐果	参照GB23200.113、GB23200.116	GB2763	0.05
5	氯磺隆	参照GB/T20769	GB2763	0.05
6	杀扑磷	参照GB23200.113、GB23200.116	GB2763	0.05
7	速灭磷	按照GB23200.113、GB23200.116	GB2763	0.05
8	乙酰甲胺磷	按照GB23200.113、GB23200.116	GB2763	0.05
9	庚烯磷	参照GB/T20769	GB2763	0.01★
10	硫丹	参照GB/T5009.19	GB2763	0.05
11	三氯杀螨醇	按照GB23200.113	GB2763	0.02
12	乙酯杀螨醇	参照GB23200.113	GB2763	0.05
13	三氟硝草醚	参照GB23200.113	GB2763	0.05★
14	甲氧滴滴涕	参照GB23200.113	GB2763	0.01
15	氯苯甲醚	参照GB23200.113	GB2763	0.05
16	杀虫畏	按照GB23200.113	GB2763	0.01
17	吡虫啉	参照GB/T20769	GB2763	2（石斛鲜）
17	吡虫啉	参照GB/T20769	GB2763	3（石斛干）
18	苯醚甲环唑	参照GB23200.113	GB2763	1（石斛鲜）
18	苯醚甲环唑	参照GB23200.113	GB2763	2（石斛干）

注：此类包括牛大力、巴戟天、五指毛桃、益智、砂仁、化橘红、佛手、金线莲、猴耳环、黄精、葛根、银杏、白芨、玉竹、广藿香、益肾子、梅片叶、鸡骨草、草珊瑚、何首乌、辣木、芦荟、鸡血藤、三叉苦、黄花倒水莲、梅叶冬青（岗梅）、小叶榕、狸尾草、小罗伞、艾叶、盐肤木、水檬枝等品种，属于"林源药材"大类。

★：该限量为临时限量。

表3-9 澳洲坚果、板栗质量安全监测指标表

序号	检测指标	检测标准	判定标准	限量值（mg/kg）
1	铅	GB5009.12、GB5009.268	GB2762	0.2
2	除虫脲	参照GB/T5009.147	GB2763	0.2
3	啶虫脒	参照GB/T23584	GB2763	0.06
4	啶酰菌胺	参照GB23200.50	GB2763	0.05
5	多菌灵	参照GB/T20770	GB2763	0.1
6	二甲戊灵	参照GB23200.113	GB2763	0.05
7	甲氧虫酰肼	参照GB/T20769	GB2763	0.1
8	螺螨酯	参照GB/T20769	GB2763	0.05
9	氯磺隆	参照GB/T20769	GB2763	0.02
10	噻虫啉	参照GB/T20770	GB2763	0.02
11	噻螨酮	参照GB23200.8、GB/T20769	GB2763	0.05
12	杀扑磷	参照GB23200.113、GB23200.116	GB2763	0.05
13	四螨嗪	参照GB/T20769	GB2763	0.5
14	肟菌酯	参照GB23200.8、GB23200.113	GB2763	0.02
15	戊唑醇	参照GB23200.113、GB/T20770	GB2763	0.05
16	亚胺硫磷	参照GB23200.8、GB23200.113、GB/T20770	GB2763	0.2
17	唑螨酯	参照GB/T20769	GB2763	0.05
18	联苯菊酯	参照GB23200.113、NY/T761	GB2763	0.05
19	吡唑醚菌酯	参照GB/T20770	GB2763	0.02
20	苯醚甲环唑	按照GB23200.113	GB2763	0.03
21	甲氰菊酯	参照GB23200.9、GB23200.113	GB2763	0.15
22	庚烯磷	参照GB/T20769	GB2763	0.01★
23	嘧菌酯	参照GB23200.11	GB2763	0.01
24	硫丹	按照GB/T5009.19	GB2763	0.02（澳洲坚果）
24	硫丹	按照GB/T5009.19	GB2763	0.05（坚果）
25	氯丹	按照GB/T5009.19	GB2763	0.02
26	吡虫啉	参照GB/T20769	GB2763	0.01
27	速灭磷	按照GB23200.113、GB23200.116	GB2763	0.01
28	三氯杀螨醇	按照GB23200.113	GB2763	0.02
29	乙酯杀螨醇	按照GB23200.113	GB2763	0.01
30	氯氰菊酯和高效氯氰菊酯	参照GB23200.9、GB23200.113、GB/T5009.146	GB2763	0.05
31	腈苯唑	参照GB23200.9、GB23200.113	GB2763	0.01
32	乙螨唑	参照GB23200.8、GB23200.113	GB2763	0.01

续表

序号	检测指标	检测标准	判定标准	限量值（mg/kg）
33	氯氟氰菊酯和高效氯氟氰菊酯	参照GB23200.9、GB23200.113、GB/T5009.146、SN/T2151	GB2763	0.01
34	三氟硝草醚	按照GB23200.113	GB2763	0.01★
35	甲氧滴滴涕	按照GB23200.113	GB2763	0.01
36	氯苯甲醚	按照GB23200.113	GB2763	0.01
37	杀虫畏	按照GB23200.113	GB2763	0.01

★：该限量为临时限量。

表3-10 桂皮质量安全监测指标表

序号	检测指标	检测标准	判定标准	限量值（mg/kg）
1	铅	GB5009.12、GB5009.268	GB2762	3.0
2	丙溴磷	按照GB23200.113	GB2763	0.05
3	多菌灵	按照GB/T20769	GB2763	0.3
4	二嗪磷	按照GB23200.113	GB2763	0.5
5	伏杀硫磷	按照GB23200.113	GB2763	3
6	甲胺磷	按照GB23200.113	GB2763	0.1
7	甲拌磷	按照GB23200.113	GB2763	0.1
8	甲萘威	按照GB/T20769	GB2763	0.1
9	乐果	按照GB23200.113、GB/T20769	GB2763	0.1
10	马拉硫磷	按照GB23200.8、GB23200.113、NY/T761	GB2763	0.5
11	三唑磷	按照GB20769、GB23200.113、NY/T761	GB2763	0.1
12	氧乐果	按照GB23200.113	GB2763	0.05
13	乙硫磷	按照GB23200.113	GB2763	0.3
14	唑草酮	参照GB23200.15	GB2763	2
15	敌敌畏	按照GB23200.113	GB2763	0.1
16	速灭磷	按照GB23200.113、GB23200.116	GB2763	0.05
17	乙拌磷	参照GB/T20769	GB2763	0.05
18	乙酰甲胺磷	按照GB23200.8、GB23200.113	GB2763	0.2
19	杀扑磷	按照GB23200.113、GB/T20769	GB2763	0.05
20	甲基毒死蜱	按照GB23200.8、GB23200.113	GB2763	5
21	克百威	按照GB23200.112	GB2763	0.1
22	三氯杀螨醇	按照GB23200.113、GB/T20769、NY/T761	GB2763	0.01

续表

序号	检测指标	检测标准	判定标准	限量值(mg/kg)
23	氯氟氰菊酯和高效氯氟氰菊酯	按照GB23200.8、GB23200.113、NY/T761	GB2763	0.05
24	杀螟硫磷	按照GB23200.113、GB/T20769、NY/T761	GB2763	0.1
25	联苯菊酯	按照GB23200.8、GB23200.113、NY/T761	GB2763	0.05
26	庚烯磷	参照GB/T20769	GB2763	0.01★
27	氯磺隆	参照GB/T20769	GB2763	0.02
28	硫丹	按照GB23200.8、GB/T5009.19	GB2763	0.05
29	毒死蜱	按照GB23200.113	GB2763	1
30	氯氰菊酯和高效氯氰菊酯	按照GB23200.113	GB2763	0.2
31	五氯硝基苯	按照GB23200.113	GB2763	2
32	氯菊酯	按照GB23200.113	GB2763	0.05
33	氰戊菊酯和S-氰戊菊酯	按照GB23200.113	GB2763	0.05
34	乙酯杀螨醇	按照GB23200.113	GB2763	0.05
35	溴氰菊酯	按照GB23200.113	GB2763	0.5
36	三氟硝草醚	按照GB23200.113	GB2763	0.05★
37	甲氧滴滴涕	按照GB23200.113	GB2763	0.01
38	氯苯甲醚	按照GB23200.113	GB2763	0.05
39	杀虫畏	按照GB23200.113	GB2763	0.01
40	涕灭威	按照GB23200.112	GB2763	0.02
41	氟氯氰菊酯和高效氟氯氰菊酯	按照GB23200.8、GB23200.113	GB2763	0.05
42	异菌脲	按照GB23200.113	GB2763	0.1

★：该限量为临时限量。

表3-11 八角质量安全监测指标表

序号	检测指标	检测标准	判定标准	限量值(mg/kg)
1	铅	GB5009.12、GB5009.268	GB2762	1.5
2	二嗪磷	按照GB23200.113	GB2763	5
3	伏杀硫磷	按照GB23200.113	GB2763	2
4	甲胺磷	按照GB23200.113	GB2763	0.1
5	甲拌磷	按照GB23200.113	GB2763	0.5
6	甲基嘧啶磷	按照GB23200.113	GB2763	3

续表

序号	检测指标	检测标准	判定标准	限量值（mg/kg）
7	乐果	按照GB23200.113、GB/T20769	GB2763	5
8	马拉硫磷	按照GB23200.8、GB23200.113、NY/T761	GB2763	2
9	乙硫磷	按照GB23200.113	GB2763	3
10	唑草酮	参照GB23200.15	GB2763	2
11	杀扑磷	按照GB23200.113、GB/T20769	GB2763	0.05
12	敌敌畏	按照GB23200.113	GB2763	0.1
13	乙拌磷	参照GB/T20769	GB2763	0.05
14	乙酰甲胺磷	按照GB23200.8、GB23200.113	GB2763	0.2
15	速灭磷	按照GB23200.113、GB23200.116	GB2763	0.05
16	甲基毒死蜱	按照GB23200.8、GB23200.113	GB2763	1
17	稻丰散	按照GB/T20769	GB2763	7
18	抗蚜威	按照GB23200.113	GB2763	5
19	三氯杀螨醇	按照GB23200.113、GB/T20769、NY/T761	GB2763	0.01
20	庚烯磷	参照GB/T20769	GB2763	0.01★
21	氯磺隆	参照GB/T20769	GB2763	0.02
22	硫丹	按照GB23200.8、GB/T5009.19	GB2763	0.05
23	杀螟硫磷	按照GB23200.113、GB/T20769、NY/T761	GB2763	7
24	甲霜灵和精甲霜灵	按照GB23200.8、GB23200.113	GB2763	5
25	毒死蜱	按照GB23200.113	GB2763	5
26	五氯硝基苯	按照GB23200.113	GB2763	0.1
27	氯菊酯	按照GB23200.113	GB2763	0.05
28	乙酯杀螨醇	按照GB23200.113	GB2763	0.05
29	三氟硝草醚	按照GB23200.113	GB2763	0.05★
30	甲氧滴滴涕	按照GB23200.113	GB2763	0.01
31	氯苯甲醚	按照GB23200.113	GB2763	0.05
32	杀虫畏	按照GB23200.113	GB2763	0.01
33	异菌脲	按照GB23200.113	GB2763	0.05

★：该限量为临时限量。

表3-12 食用花卉质量安全监测指标表

序号	检测指标	检测标准	判定标准	限量值(mg/kg)
1	铅	GB5009.12、GB5009.268	GB2762	5.0
2	杀扑磷	参照GB23200.113、GB23200.116	GB2763	0.05
3	速灭磷	按照GB23200.113、GB23200.116	GB2763	0.05
4	氯磺隆	参照GB/T20769	GB2763	0.02
5	庚烯磷	参照GB/T20769	GB2763	0.01★
6	硫丹	按照GB/T5009.19	GB2763	0.05
7	三氯杀螨醇	按照GB23200.113、GB/T5009.176	GB2763	0.01
8	乙酯杀螨醇	按照GB23200.113	GB2763	0.05
9	甲氧滴滴涕	按照GB23200.113	GB2763	0.01
10	氯苯甲醚	按照GB23200.113	GB2763	0.05
11	杀虫畏	按照GB23200.113	GB2763	0.01
12	三氟硝草醚	按照GB23200.113	GB2763	0.05★

★：该限量为临时限量。

表3-13 橄榄质量安全监测指标表

序号	检测指标	检测标准	判定标准	限量值(mg/kg)
1	铅	GB5009.12、GB5009.268	GB2762	0.1
2	镉	GB5009.15、GB5009.268	GB2762	0.05
3	庚烯磷	按照GB/T20769	GB2763	0.01★
4	甲基异柳磷	按照GB23200.113、GB23200.116、GB/T5009.144	GB2763	0.01★
5	吡虫啉	按照GB/T20769、GB/T23379	GB2763	2
6	多菌灵	按照GB/T20769、NY/T1453	GB2763	0.5
7	醚菌酯	按照GB23200.8、GB23200.113、GB/T20769	GB2763	0.2
8	倍硫磷	按照GB23200.8、GB23200.113、GB/T20769	GB2763	1
9	苯线磷	按照GB23200.8	GB2763	0.02
10	敌敌畏	按照GB23200.8、GB23200.113、GB/T5009.20、NY/T761	GB2763	0.2
11	地虫硫磷	按照GB23200.8、GB23200.113	GB2763	0.01
12	啶虫脒	按照GB/T20769、GB/T23584	GB2763	2
13	对硫磷	按照GB23200.113、GB/T5009.145	GB2763	0.01

续表

序号	检测指标	检测标准	判定标准	限量值（mg/kg）
14	甲胺磷	按照GB23200.113、GB/T5009.103、NY/T761	GB2763	0.05
15	甲拌磷	按照GB23200.113、GB23200.116	GB2763	0.01
16	久效磷	按照GB23200.113、NY/T761	GB2763	0.03
17	克百威	按照GB23200.112、NY/T761	GB2763	0.02
18	硫环磷	按照GB23200.113、NY/T761	GB2763	0.03
19	硫线磷	按照GB/T20769	GB2763	0.02
20	氯唑磷	按照GB23200.113、GB/T20769	GB2763	0.01
21	灭多威	按照GB23200.112、NY/T761	GB2763	0.2
22	内吸磷	按照GB/T20769	GB2763	0.02
23	灭线磷	按照GB23200.113、NY/T761	GB2763	0.02
24	杀扑磷	按照GB23200.8、GB23200.113、GB23200.116、GB/T14553、NY/T761	GB2763	0.05
25	水胺硫磷	按照GB23200.113、GB/T5009.20、NY/T761	GB2763	0.05
26	速灭磷	按照GB23200.113、GB23200.116	GB2763	0.01
27	涕灭威	按照GB23200.112、NY/T761	GB2763	0.02
28	肟菌酯	按照GB23200.8、GB23200.113、GB/T20769	GB2763	0.3
29	辛硫磷	按照GB/T5009.102、GB/T20769	GB2763	0.05
30	氧乐果	按照GB23200.113、NY/T761、NY/T1379	GB2763	0.02
31	乙酰甲胺磷	按照GB23200.113、GB23200.116、GB/T5009.103、GB/T5009.145、NY/T761	GB2763	0.02
32	蝇毒磷	按照GB23200.8、GB23200.113	GB2763	0.05
33	治螟磷	按照GB23200.8、GB23200.113、NY/T761	GB2763	0.01
34	磷胺	按照GB23200.113、NY/T761	GB2763	0.05
35	乐果	按照GB23200.113、GB23200.116、GB/T5009.145、GB/T20769、NY/T761	GB2763	0.01
36	氯磺隆	GB/T20769	GB2763	0.01
37	苯醚甲环唑	GB23200.8、GB23200.49、GB23200.113、GB/T5009.218、GB/T20769	GB2763	2
38	噻嗪酮	GB23200.8、GB/T20769	GB2763	5

续表

序号	检测指标	检测标准	判定标准	限量值 (mg/kg)
39	戊唑醇	GB23200.8、GB23200.113、GB/T20769	GB2763	0.05
40	氯菊酯	按照GB23200.8、GB23200.113、NY/T761	GB2763	1
41	艾氏剂	按照GB23200.113、GB/T5009.19、NY/T761	GB2763	0.05
42	滴滴涕	按照GB23200.113、GB/T5009.19、NY/T761	GB2763	0.05
43	狄氏剂	按照GB23200.113、GB/T5009.19、NY/T761	GB2763	0.02
44	六六六	按照GB23200.113、GB/T5009.19、NY/T761	GB2763	0.05
45	三氯杀螨醇	按照GB23200.113、NY/T761	GB2763	0.01
46	溴氰菊酯	按照GB23200.8、GB23200.113、NY/T761、SN/T0217	GB2763	1
47	敌百虫	按照GB/T20769、NY/T761	GB2763	0.2
48	氯氰菊酯和高效氯氰菊酯	按照GB23200.8、GB23200.113、GB/T5009.146、NY/T761	GB2763	0.05
49	氰戊菊酯和S-氰戊菊酯	按照GB23200.8、GB23200.113、NY/T761	GB2763	0.2
50	甲氰菊酯	按照GB23200.8、GB23200.113、NY/T761、SN/T2233	GB2763	5
51	氯氟氰菊酯和高效氯氟氰菊酯	GB23200.8、GB23200.113、GB/T5009.146、NY/T761	GB2763	1
52	异狄氏剂	按照GB/T5009.19	GB2763	0.05
53	硫丹	按照GB/T5009.19	GB2763	0.05
54	氯丹	按照GB/T5009.19	GB2763	0.02
55	甲基对硫磷	按照GB23200.113、NY/T761	GB2763	0.02
56	杀螟硫磷	按照GB23200.113、GB/T14553、GB/T20769、NY/T761	GB2763	0.5
57	乙酯杀螨醇	按照GB23200.113	GB2763	0.01
58	氯苯甲醚	按照GB23200.113	GB2763	0.01
59	杀虫畏	按照GB23200.113	GB2763	0.01
60	甲氧滴滴涕	按照GB23200.113	GB2763	0.01
61	三氟硝草醚	GB23200.113	GB2763	0.01★

★：该限量为临时限量。

表3-14　蘑菇类食用菌质量安全监测指标表

序号	检测指标	检测标准	判定标准	限量值(mg/kg)	食品类别
1	铅	GB5009.12、GB5009.268	GB2762	0.5	食用菌及其制品（双孢菇、平菇、香菇、榛蘑、牛肝菌、松茸、松露、青头菌、鸡枞、鸡油菌、多汁乳菇、木耳、银耳及以上食用菌的制品除外）
	铅	GB5009.12、GB5009.268	GB2762	0.3	双孢菇、平菇、香菇、榛蘑及以上食用菌的制品
	铅	GB5009.12、GB5009.268	GB2762	1.0	牛肝菌、松茸、松露、青头菌、鸡枞、鸡油菌、多汁乳菇及以上食用菌的制品
2	镉	GB5009.15、GB5009.268	GB2762	0.2	食用菌及其制品（香菇、羊肚菌、獐头菌、青头菌、鸡油菌、榛蘑、松茸、牛肝菌、鸡枞、多汁乳菇、松露、姬松茸、木耳、银耳及以上食用菌的制品除外）
	镉	GB5009.15、GB5009.268	GB2762	0.5	香菇及其制品
	镉	GB5009.15、GB5009.268	GB2762	0.6	羊肚菌、獐头菌、青头菌、鸡油菌、榛蘑及以上食用菌制品
	镉	GB5009.15、GB5009.268	GB2762	1.0	松茸、牛肝菌、鸡枞、多汁乳菇及以上食用菌的制品
	镉	GB5009.15、GB5009.268	GB2762	2.0	松露、姬松茸及以上食用菌的制品

续表

序号	检测指标	检测标准	判定标准	限量值（mg/kg）	食品类别
3	甲基汞	GB5009.1	GB2762	0.1	食用菌及其制品（木耳及其制品、银耳及其制品除外）
4	无机砷	GB5009.11	GB2762	0.5	食用菌及其制品（松茸及其制品、木耳及其制品、银耳及其制品除外）
	无机砷	GB5009.11	GB2762	0.8	松茸及其制品
5	庚烯磷	按照GB/T20769	GB2763	0.01★	食用菌
6	甲基异柳磷	按照GB23200.113、GB23200.116、GB/T5009.144	GB2763	0.01★	食用菌
7	除虫脲	按照GB23200.45、GB/T5009.147、NY/T1720	GB2763	0.3	食用菌[蘑菇类（鲜）]
8	甲拌磷	按照GB23200.113、GB23200.116	GB2763	0.01	食用菌
9	马拉硫磷	按照GB23200.8、GB23200.113、GB/T20769、NY/T761	GB2763	0.5	食用菌[蘑菇类（鲜）]
10	噻菌灵	按照GB/T20769、NY/T1453、NY/T1680	GB2763	5	食用菌[蘑菇类（鲜）]
11	克百威	按照GB23200.112、NY/T761	GB2763	0.02	食用菌
12	乐果	按照GB23200.113、GB23200.116、GB/T5009.145、GB/T20769、NY/T761	GB2763	0.01	食用菌
13	氯磺隆	按照GB/T20769	GB2763	0.01	食用菌
14	杀扑磷	按照GB23200.8、GB23200.113、GB23200.116、GB/T14553、NY/T761	GB2763	0.05	食用菌
15	速灭磷	按照GB23200.113、GB23200.116	GB2763	0.01	食用菌

续表

序号	检测指标	检测标准	判定标准	限量值（mg/kg）	食品类别
16	乙酰甲胺磷	按照GB23200.113、GB23200.116、GB/T5009.103、GB/T5009.145、NY/T761	GB2763	0.05	食用菌
17	氯菊酯	按照GB23200.8、GB23200.113、NY/T761	GB2763	0.1	食用菌[蘑菇类（鲜）]
18	五氯硝基苯	按照GB23200.8、GB23200.113、GB/T5009.19、GB/T5009.136、NY/T761	GB2763	0.1	食用菌[蘑菇类（鲜）]
19	三氯杀螨醇	按照GB23200.113、NY/T761	GB2763	0.01	食用菌
20	百菌清	按照GB23200.113、GB/T5009.105、NY/T761、SN/T2320	GB2763	5	食用菌[蘑菇类（鲜）]
21	氟氰戊菊酯	按照GB23200.113、NY/T761	GB2763	0.2	食用菌[蘑菇类（鲜）]
22	腐霉利	按照GB23200.8、GB23200.113、NY/T761	GB2763	5	食用菌[蘑菇类（鲜）]
23	氯氰菊酯和高效氯氰菊酯	按照GB23200.8、GB23200.113、GB/T5009.146、NY/T761	GB2763	0.5	食用菌[蘑菇类（鲜）]
24	氰戊菊酯和S-氰戊菊酯	按照GB23200.8、GB23200.113、NY/T761	GB2763	0.2	食用菌[蘑菇类（鲜）]
25	溴氰菊酯	按照GB23200.8、GB23200.113、NY/T761、SN/T0217	GB2763	0.2	食用菌[蘑菇类（鲜）]
26	氟氯氰菊酯和高效氟氯氰菊酯	按照GB23200.8、GB23200.113、GB/T5009.146、NY/T761	GB2763	0.3	食用菌[蘑菇类（鲜）]
27	氯氟氰菊酯和高效氯氟氰菊酯	按照GB23200.8、GB23200.113、GB/T5009.146、NY/T761	GB2763	0.5	食用菌[蘑菇类（鲜）]

续表

序号	检测指标	检测标准	判定标准	限量值（mg/kg）	食品类别
28	乙酯杀螨醇	按照GB23200.113	GB2763	0.01	食用菌
29	三氟硝草醚	按照GB23200.113	GB2763	0.01★	食用菌
30	甲氧滴滴涕	按照GB23200.113	GB2763	0.01	食用菌
31	氯苯甲醚	按照GB23200.113	GB2763	0.01	食用菌
32	杀虫畏	按照GB23200.113	GB2763	0.01	食用菌

★：该限量为临时限量。

六、食用林产品及其产地土壤定量检测操作流程

食用林产品及其产地土壤定量检测的一般过程见图3-2，主要包括样品前处理、测定和结果计算三个过程。

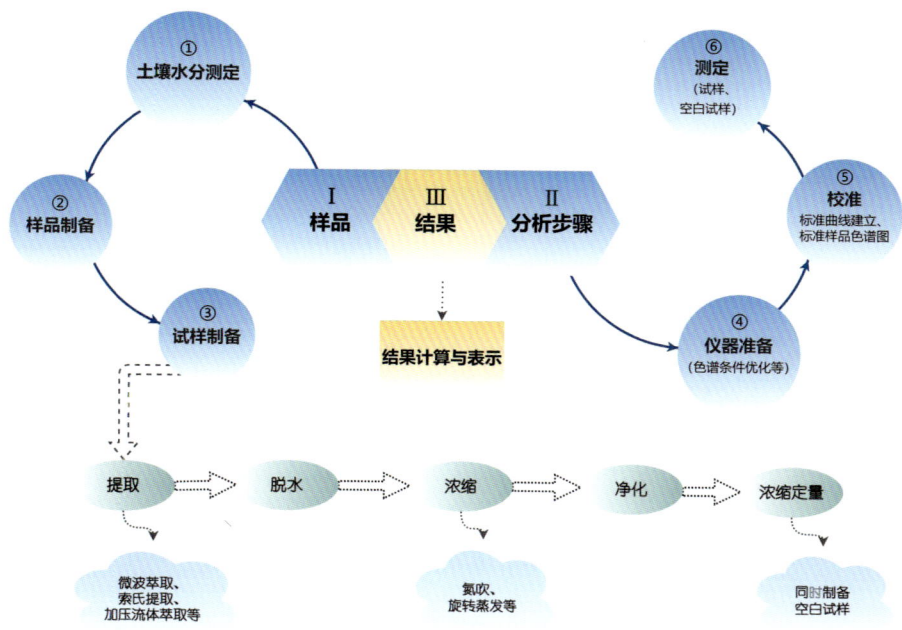

图3-2 产地土壤有机污染物定量检测流程

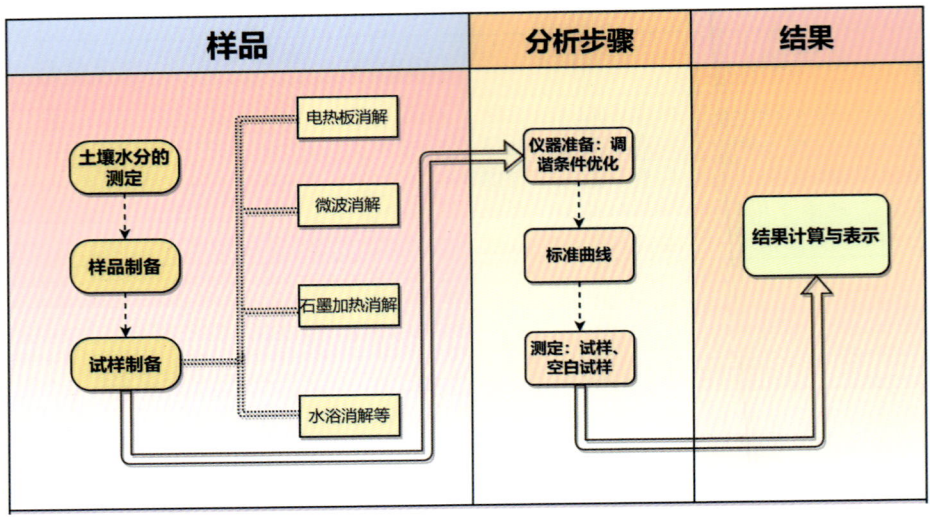

图3-3 产地土壤重金属及有害元素定量检测流程

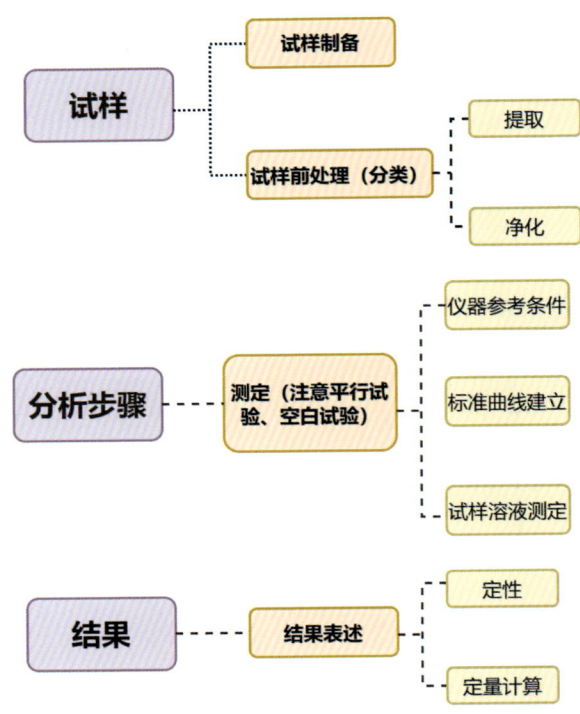

图3-4 食用林产品农药残留定量检测流程

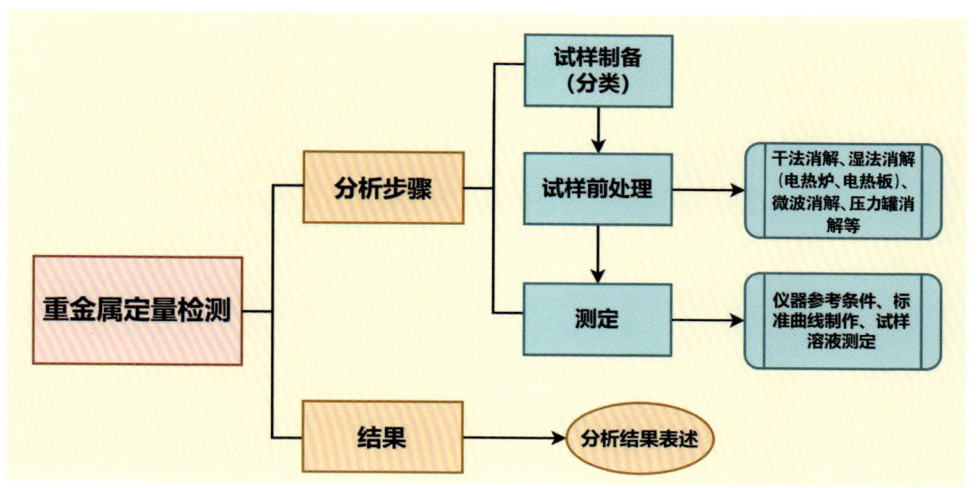

图3-5 食用林产品重金属定量检测流程

（一）样品前处理

样品前处理，这是检验检测的源头。样品前处理要做到两满足，一是满足判定标准，二是满足检测标准；同时要做到六个保证，保证原始、均匀、稳定、不污染、不错号以及有记录。

重金属检测前处理主体部分是试样消解，消解处理是为了破坏有机物、溶解颗粒物，并将各种价态待测元素氧化成单一高价态或转换成易于分解的无机物。常用消解方法主要包括干法消解（干灰化法）、湿法消解、微波消解和压力罐消解等。

干法消解是通过高温碳化、灰化除去大量有机物，再用酸或其他溶剂溶解样品，制成试样溶液，并通过溶剂萃取、掩蔽、沉淀等方法排除其他离子干扰。湿法消解是将样品与消解剂（酸、氧化剂等）在一定条件下加热反应，使元素转化为易于溶解或挥发的化合物，得到均匀的消解液样品。微波消解是指利用微波加热密闭容器中的消解液和试样，在高温增压下使样品快速溶解的湿法消化。压力罐消解是将样品与消解剂放入压力罐中，在高温高压下加速反应、快速消解，再将消解液用稀酸稀释并进行分析的过程。

表3-15 重金属及有害元素前处理方法的对比

处理方式	特点	优点	缺点
干法消解	多用于固态样品如沉积物、土壤、食品等样品消解	空白值低、可富集被测组分、操作简单	操作时间长，易挥发元素易损失、回收率一般
湿法消解	适用需测多个元素、待测样品含量较大、稳定性较好情况	元素损失少、程序简单、成本较低	试剂用量大、空白值偏高、产生有害气体
微波消解	适用于样品量少、重金属含量较高、待测元素要求低检出限的情况	快速高效、可自动化控制、分解完全、元素无挥发损失、酸耗量少	高压、消化样品量小、设备价格较贵
压力罐消解	适用于难消解物质、待测元素含量较低、要求分析灵敏度较高情况	高效快速、消解彻底、单次批量处理量大、不产生二次污染	残留物较难处理、需一定前期成本

农药残留前处理非常关键，是定量检测过程极其重要的一环，主要包括提取和净化。食用林产品一般为固体或半固体样品，适合的常用提取净化方法有振荡提取法、匀浆萃取法（组织捣碎）、索氏提取法、微波萃取法、加速溶剂萃取法、超声波提取法、固相萃取法和固相微萃取法等。试验过程中，需根据样品基质、农药残留的种类、检测器等不同情况选择合适的前处理方法。

振荡提取法是将待测样品浸泡于提取溶剂中，可加速振荡以加速扩散。匀浆萃取法是将样品置于匀浆杯中，加入提取剂，快速匀浆数分钟进行萃取，过滤净化后进行分析。索氏提取法是把分散且干燥的样品，用无水乙醚或石油醚等有机溶剂反复萃取，使样品中的农药残留萃取到溶剂中的过程。微波萃取法（MAE）是采用微波加热技术加速萃取的一种方法，通过微波对样品基质内外部同时萃取，促使其中的农药快速溶解到溶剂中。加速溶剂萃取法（Accelerated Solvent Extraction，ASE）是在较高温度和压力条件下，用有机溶剂萃取。超声波提取法（Ultrasonic Extraction）是利用空化作用产生的能量，用溶剂将样品中残留农药提取出来。固相萃取法（Solid-Phase Extraction，SPE）是利用吸附剂对待测组分与干扰杂质的吸附能力的差异，在层析柱中加入一种或几种吸附剂，再加入待测样本提取液，用淋洗液洗脱。固相微萃取法（SPME，Solid-Phase Micro Extraction）是在固相萃取技术上发展起来的，是一种集采样、萃取、浓缩和进样于一体的无溶剂样品微萃取新技术。

表3-16 农药残留前处理方法的对比

农药残留前处理方式	特点	优点	缺点
振荡提取法	尤其适合含水量较高新鲜样品，适用于附着在样品表面的农药及叶类样品中的非内吸性农药	不需特定设备、简便、快速	提取率一般
匀浆萃取法	尤其适合含水量较高新鲜样品，适用于叶类及果实样品	不需特定设备、简便、快速	提取率一般
索氏提取法	适用于谷物及其制品、干果、脱水蔬菜、茶叶、干饲料等样品	提取效率高、操作简便、使用成本较低	溶剂消耗量大、耗时较长、需冷凝水，不适合含水量过高样品
微波萃取法	适用于土壤、食品、饲料等样品，适合热敏性、极性大农药提取	操作简单、高效、节能	不适用于弱极性和非极性农药，也不适用于热不稳定性农药

续表

农药残留前处理方式	特点	优点	缺点
加速溶剂萃取法	适用于固体和半固体样品、食品、复杂生物基质中有机氯农药、中毒样品的提取	消耗溶剂较少、自动化程度高、操作相对简便、回收率好	分析成本较高，不适用热不稳定性农药
超声波提取法	尤其适用热不稳定目标物的提取	不需加热、操作简单、提取效率高	溶剂消耗量大、重现性较差
固相萃取法	适用于分离保留性质差别很大的化合物	操作简单、速度快、有机溶剂用量少、可批量处理、能富集能除杂	不同固相萃取柱重复性较差，溶剂使用量较大，不适于大批量样品
固相微萃取法	适用于分离保留性质差别很大的化合物	无溶剂、无二次污染，比固相萃取操作更简单、携带更方便、成本更低，克服固相萃取回收率低、吸附剂孔道易堵塞缺点	不适于大批量样品的前处理

（二）测定

检验方法的选择：优先使用食品安全国家标准，使用基础标准配套指定的检验方法，基质要适用检验方法，注意不同类型样品对应的方法，注意检验方法的有效性及检出限或定量限与限量的匹配性。

食用林产品及其产地土壤质量安全定量检测主要涉及光谱检测法、色谱检测法和质谱分析法，具有高选择性、能定性定量、高效能、高灵敏度等特点，适于微量和痕量分析。其中光谱检测法包括原子吸收光谱、原子发射光谱和原子荧光光谱等，质谱检测法主要涉及电感耦合等离子体质谱法，两者均是用于重金属及有害元素的检测。色谱检测法包括液相色谱、气相色谱、色谱和质谱联用等方法，主要用于食用林产品中农药残留的检测，其中联用技术能克服仪器单独使用时的缺陷，是发展的趋势所在，无机元素形态分析（如甲基汞、无机砷检测）也涉及联用方法。

光谱检测法可对食用林产品和土壤中的重金属及有害元素进行检测，通常使用原子吸收光谱仪和原子荧光光谱仪等检测仪器，前者主要用于铅、铬、镉等的检测，而后者主要用于汞、砷的检测。

色谱检测法能够实现对食用林产品农药残留的定性、定量检测，应用范围广，其中气相色谱可用于沸点低于400℃的各种有机或无机试样的检测，液相色谱适用于高沸点、热不稳定和生物试样的分离。

质谱分析法是将不同质量的离子按质荷比（M/Z）的大小顺序收集和记录下来，得到质谱图，用质谱图进行定性、定量及结构分析的方法。随着气相色谱（GC）和高效液相色谱（HPLC）等仪器和质谱仪的成功联用以及计算机的飞速发展，使得质谱分析法也成为分析检测的重要工具。

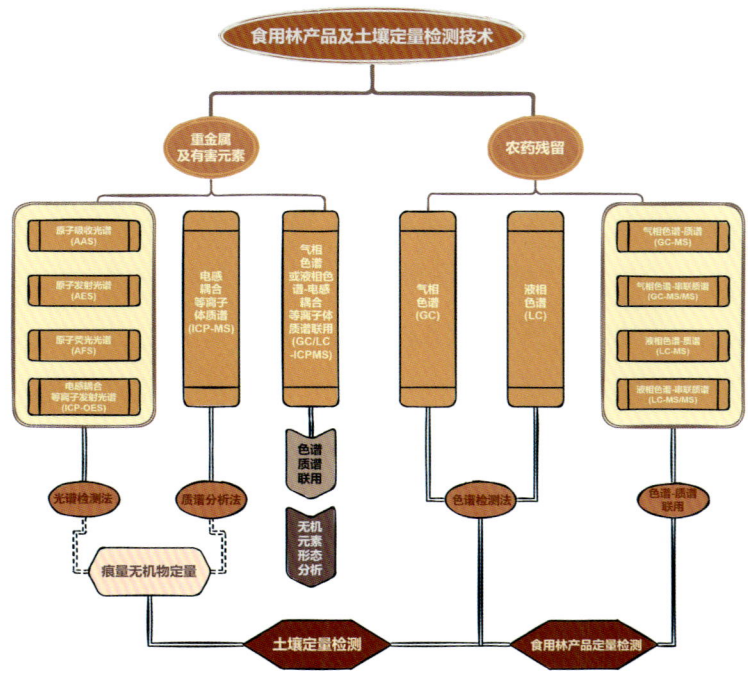

图3-6 食用林产品及土壤定量检测技术

（三）分析结果的表述

按照检测标准给出的公式进行计算，注意稀释倍数、结果表现形式、数据修约和单位等。数据修约可参照《数值修约规则与极限数值的表示和判定》（GB/T8170），比如有效数字取舍原则是"四舍六入五成双"，"四舍六入"是指尾数≥6时进位，尾数≤4时舍位。"五成双"是指当拟舍弃数字的最右一位数字是5时，若5后面无数字或皆为为0时，看5前面的数，是奇数时则舍5进位，偶数时则5舍去，以使保留下来的末位数是偶数；若5后面的数字不为0，则舍5进位。

七、产地土壤定量检测标准（示例）

（一）重金属及有害元素定量检测流程

电感耦合等离子体质谱仪（ICP-MS）主要由离子源、质量分析器和检测器三部分组成，另配有数据处理系统、真空系统、供电控制系统等。电感耦合等离子体质谱仪工作原理是根据被测元素通过一定形式进入高频等离子体中，在高温下（5500~6500K）电离成离子，产生的离子经过离子光学透镜聚焦后，进入四极杆质谱分析器，按照荷质比分离，既可以按照荷质比进行半定量分析，也可以按照特定荷质比的离子数目进行定量分析。与原子吸收光谱仪及原子荧光光谱仪相比，ICP-MS更适合用于超痕量和同位素的分析，且可以结合色谱仪实现对金属元素价态的分析，该方法具有很高的灵敏度和准确性，在实际检测中应用广泛。以土壤金属元素测定标准《土壤和沉积物12种金属元素的测定王水提取-电感耦合等离子体质谱法》（HJ803—

2016）为例说明：

1.适用范围。本标准适用于土壤和沉积物中镉（Cd）、钴（Co）、铜（Cu）、铬（Cr）、锰（Mn）、镍（Ni）、铅（Pb）、锌（Zn）、钒（V）、砷（As）、钼（Mo）、锑（Sb）共12种金属元素的测定。

2.方法原理。土壤和沉积物样品用盐酸/硝酸（王水）混合溶液经电热板或微波消解仪消解后，用电感耦合等离子体质谱仪进行检测。根据元素的质谱图或特征离子进行定性，内标法定量。试样由载气带入雾化系统进行雾化后，目标元素以气溶胶形式进入等离子体的轴向通道，在高温和惰性气体中被充分蒸发、解离、原子化和电离，转化成带电荷的正离子经离子采集系统进入质谱仪，质谱仪根据离子的质荷比进行分离并定性、定量分析。在一定浓度范围内，离子的质荷比所对应的响应值与其浓度成正比。

3.水分的测定。土壤样品干物质的测定按照《土壤　干物质和水份的测定　重量法》HJ613执行。

4.样品的制备。除去土壤中的枝棒、叶片、石子等异物，将采集的土壤进行风干、混匀，并采用四分法取样两份，一份当成备样，一份作样品的测样。接着将测样和玛瑙珠按接近1∶1装进球磨罐；然后将装好的球磨罐放置到行星研磨仪内，进行研磨至粉末状；最后将磨好的粉末状土壤过孔径0.15mm（100目）筛。样品的制备过程应避免沾污和待测元素损失。

图3-7 土壤样品的制备

5.试样的制备

（1）电热板加热消解。移取15mL王水于50mL锥形瓶中，加入4粒小玻璃珠，放上玻璃漏斗，于电热板上加热至微沸，使王水蒸气浸润整个锥形瓶内壁约30min，冷却后弃去，用水洗净锥形瓶内壁，晾干待用。

称取土壤0.1g（精确至0.0001g）放入上述50mL锥形瓶中，加入6mL王水，放上玻璃漏斗，于电热板上150℃左右加热，保持王水处于微沸状态2h。消解结束后静置冷却至室温，用慢速定量滤纸将提取液过滤收集于50mL离心管中。待提取液滤尽后，用少量硝酸溶液清洗玻璃漏斗、锥形瓶和滤渣至少3次，洗液一并过滤收集于离心管中，用水定容至刻度。

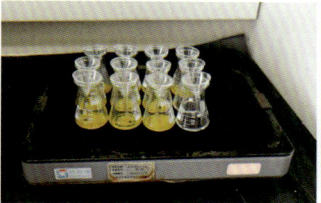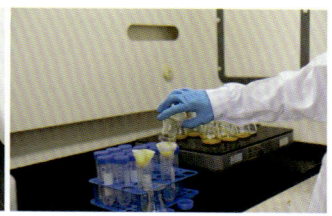

图3-8　电热板加热消解土壤

（2）微波消解。称取土壤0.1g（精确至0.0001g）放入聚四氟乙烯密闭消解罐中，加入6mL王水。将消解罐安置于消解罐支架上，放入微波消解仪中，按照微波消解参考程序进行消解，消解结束后冷却至室温。打开密闭消解罐，用慢速定量滤纸将提取液过滤收集于50mL离心管中。待提取液滤尽后，用少量硝酸溶液清洗聚四氟乙烯消解罐的盖子内壁、罐体内壁和滤渣至少3次，洗液一并过滤收集于离心管中，用水定容至刻度。

图3-9　微波消解

6.空白试样的制备

不加样品，按照与试样的制备相同步骤制备实验室空白试样。

7.分析步骤

（1）仪器调谐。点燃等离子体后，仪器预热稳定30min。用质谱仪调谐液对仪器的灵敏度、氧化物和双电荷进行调谐。

（2）标准曲线的绘制。分别移取一定体积的多元素标准使用液于同一组50mL离心管中，用硝酸溶液稀释定容至刻度，混匀。以硝酸溶液为标准系列的最低浓度点，另制备至少5个浓度点的标准系列。内标标准使用液通过蠕动泵在线加入，将标准系列从低浓度到高浓度依次导入雾化器进行分析，以各元素的质量浓度为横坐标，对应的响应值和内标响应值的比值为纵坐标，建立标准曲线。标准曲线的质量浓度范围可根据测定实际需要进行调整。

（3）试样的测定。用硝酸溶液冲洗系统直至信号降至最低，待分析信号稳定后开始测定。按照与建立标准曲线相同的仪器参考条件和操作步骤进行试样的测定。若试样中待测目标元素浓度超出标准曲线范围，须经稀释后重新测定，稀释液使用硝酸溶液，稀释倍数记为f。

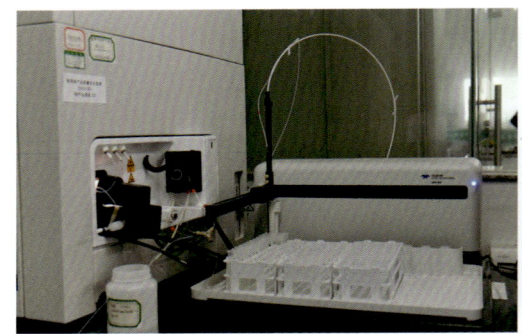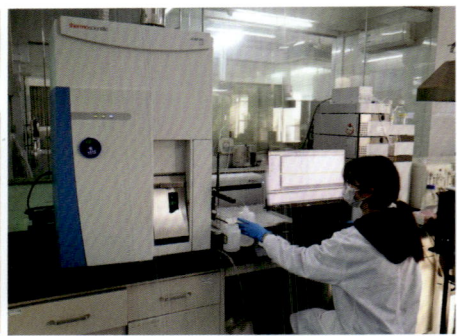

图3-10　土壤试样的测定

（4）空白试样的测定。按照与试样的测定相同的仪器参考条件和操作步骤测定空白试样。

8.结果计算与表示

（1）结果计算。土壤样品中各金属元素的含量按照下式进行计算：

$$w_1 = \frac{(p \times p_0) \times V \times f}{m \times W_{dm}}$$

式中：w_1——土壤样品中金属元素的含量，mg/kg；

p——由标准曲线计算所得试样中金属元素的质量浓度，μg/L；

p_0——实验室空白试样中对应金属元素的质量浓度，μg/L；

V——消解后试样的定容体积，mL；

f——试样的稀释倍数；

m——称取过筛后样品的质量，g；

W_{dm}——土壤样品中干物质的含量，%。

（2）结果表示。测定结果小数位数的保留与方法检出限一致，最多保留三位有效数字。

（二）有机氯农药定量检测流程

以土壤有机氯农药测定标准《土壤和沉积物有机氯农药的测定气相色谱法》（HJ921）为例说明：

1.原理。土壤中有机氯农药经提取、净化、浓缩、定容后，用带电子捕获检测器的气相色谱检测。根据保留时间定性，外标法定量。

2.样品制备。除去样品中异物（石子、叶片等），称取新鲜试样两份，每份约10g（精确到0.01g）。土壤样品一份用于测定干物质含量；另一份置于研钵中，加入5g硅藻土，反复研磨成细小颗粒（约1mm），充分拌匀后全部移入萃取罐。

图3-11 样品制备照片

3.水分测定。土壤样品中干物质含量的测定按照HJ 613执行。

4.试样制备

（1）提取。加入适量石英砂封罐，放入加压流体萃取仪的萃取池中，用二氯甲烷-正己烷（1∶1）混合溶液进行萃取，萃取液待用。

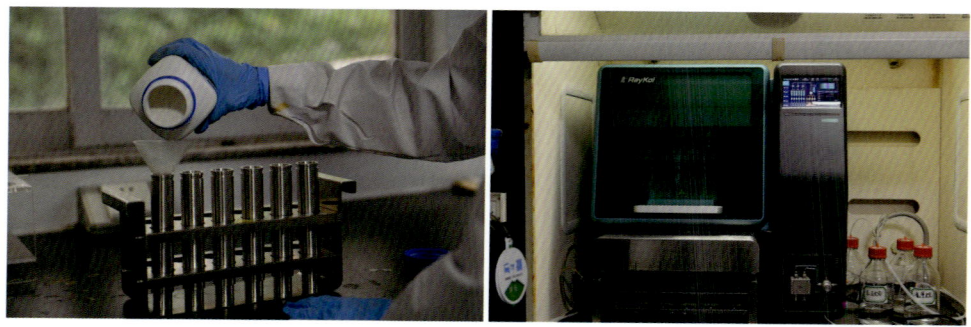

图3-12 样品提取过程照片

（2）脱水。在玻璃漏斗上垫一层玻璃纤维滤膜，加入约5g无水硫酸钠，将萃取液过滤到离心管中，用适量二氯甲烷-正己烷（1∶1）洗涤提取容器3次，再用适量二氯甲烷-正己烷（1∶1）溶液冲洗漏斗，洗液并入离心管中，待浓缩。

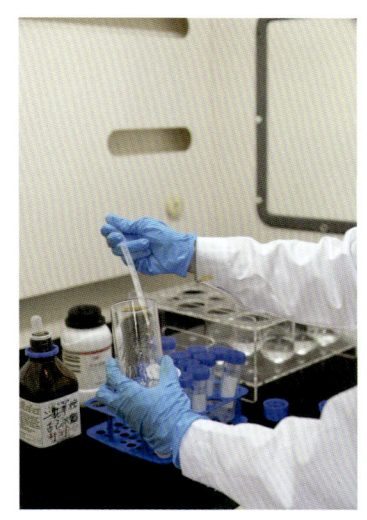
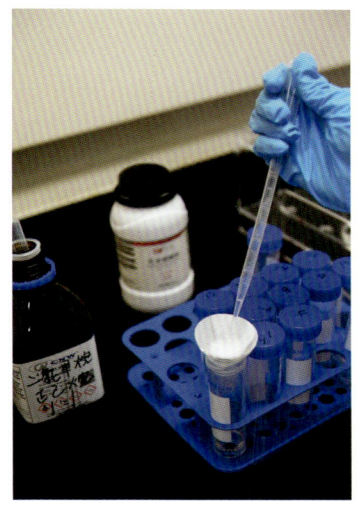

图3-13　样品脱水过程照片

（3）浓缩。将装有滤液的离心管置于氮吹仪中，在水浴温度45℃条件下浓缩至约1mL。

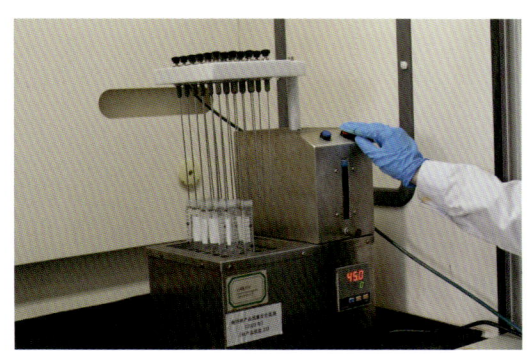

图3-14　样品浓缩过程照片

（4）净化。用8mL正己烷洗涤硅酸镁净化柱，将浓缩液移入净化柱中并停留1min后，用10mL离心管接收浓缩液，加入2mL二氯甲烷-正己烷（3∶7）并停留1min，洗脱液也一并收集，继续用二氯甲烷-正己烷（3∶7）洗涤小柱至10mL为止。

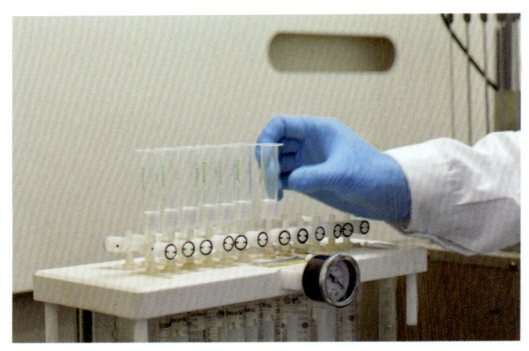

图3-15 样品净化过程照片

（5）浓缩定容。将盛有洗脱液的离心管置于氮吹仪上，在水浴温度45℃条件下，氮吹蒸发至1mL以下，最后用正己烷定容至1.0mL，在旋涡混合器上混匀，用0.22μm滤膜过滤后，移入2mL自动进样器样品瓶中，待气相色谱测定。

5.空白试样制备。用石英砂代替实际样品制备空白试样。

6.分析步骤

（1）气相色谱仪参考条件。进样口温度：220℃；进样方式：不分流进样，至0.75min后打开分流，分流出口流量为60mL/min；载气：高纯氮气，2.0mL/min，恒流；尾吹气：高纯氮气，20mL/min；柱温升温程序：初始温度100℃，以15℃/min升温至220℃，保持5min，以15℃/min升温至260℃，保持20min；检测器温度：280℃；进样量：1.0μL。

(2)标准曲线建立。量取适量农药标准使用液,用正己烷稀释,配制标准系列,质量浓度分别为5.0μg/L、10.0μg/L、20.0μg/L、50.0μg/L、100μg/L、200μg/L和500μg/L(参考)。由低到高依次检测,以标准系列溶液中目标物浓度为横坐标,以其对应的峰高或峰面积为纵坐标,建立标准曲线。

(3)试样测定。按与标准曲线建立相同仪器分析条件进行试样测定。

图3-16 样品测定过程照片

(4)空白试样测定。按照与试样测定相同仪器分析条件进行空白试样测定。

7.结果计算与表示

(1)定性分析。根据目标物的保留时间定性。

(2)定量分析。按照目标物的峰面积或峰高,采用外标法定量。

(3)结果计算。目标物含量ω_1(μg/kg)按照下面的公式进行计算:

$$\omega_1 = \frac{\rho \times V}{m \times W_{dm}}$$

式中：ω_1——土壤样品中的目标物含量，μg/kg；

ρ——由标准曲线计算所得试样中目标物的质量浓度，μg/L；

V——试样的定容体积，mL；

m——称取样品的质量，g；

W_{dm}——样品中的干物质含量，%。

（4）结果表示。测定结果若小于1.00μg/kg，则保留小数点后二位；测定结果若大于等于1.00μg/kg，则保留三位有效数字。

八、食用林产品定量检测标准（示例）

（一）重金属定量检测流程

原子吸收光谱法（AAS）是基于物质的原子蒸气对特定谱线的吸收作用来进行定量分析的一种方法，是无机元素定量分析应用最广泛的分析方法，具有检出限低、准确度高、选择性好（即干扰少）、分析速度快、应用范围广（石墨炉法可分析70多种元素，氢化物发生法可分析11种元素）等优点。以《食品安全国家标准食品中铅的测定》（GB5009.12）第一法石墨炉原子吸收光谱法为例：

1.原理。试样消解处理后，经石墨炉原子化，在283.3nm处测定吸光度。在一定浓度范围内铅的吸光度值与铅含量成正比，与标准系列比较定量。

2.试样制备。竹笋：样品用水洗净，晾干，取可食部分，制成匀浆，储于塑料瓶中。油茶籽：样品去除杂质后，粉碎，储于塑料瓶中。

图3-17 食用林产品试样制备

3.试样前处理

（1）湿法消解。称取固体试样0.2～3g（精确至0.001g）于50mL消化管中，加入10mL硝酸和0.5mL高氯酸，在可调式电热炉上消解（120℃/45min，150℃/30min，180℃/2h）。若消化液呈棕褐色，则再加少量硝酸，在180℃条件下消解至冒白烟，消化液呈无色透明或略带黄色，取出消化管，冷却后用水定容至10mL，混匀备用。同时做试剂空白试验。亦可采用锥形瓶于可调式电热板进行湿法消解。

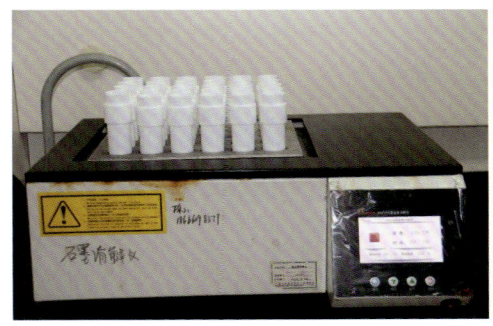

图3-18 湿法消解食用林产品

（2）微波消解。称取固体试样0.2～0.8g（精确至0.001g）于微波消解罐中，加入5mL硝酸，按照微波消解的操作步骤消解试样。冷却后取出消解罐，在电热板上150℃赶酸至1mL左右。消解罐放冷后，将消化液转移至10mL容量瓶中，用少量水洗涤消解罐2～3次，合并洗涤液于容量瓶并用水定容至刻度，混匀备用。同时做试剂空白试验。

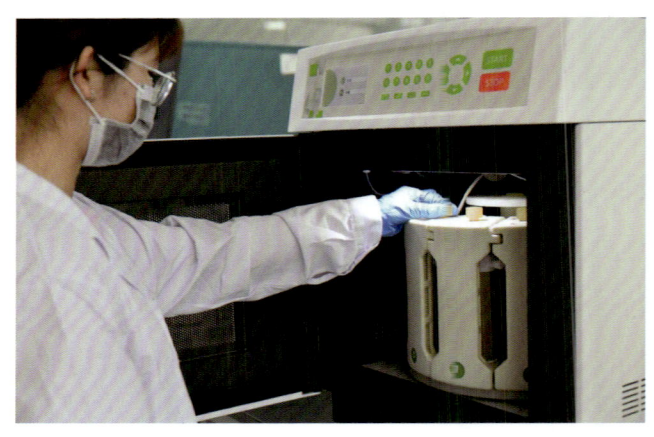

图3-19 微波消解食用林产品

（3）压力罐消解。称取固体试样0.2～1g（精确至0.001g）于消解内罐中，加入5mL硝酸。盖好内盖，旋紧不锈钢外套，放入恒温干燥箱，在160℃下保持4h，冷却后缓慢旋松外罐，取出消解内罐，放在可调式电热板上于150℃赶酸至1mL左右。冷却后将消化液转移至10mL容量瓶中，用少量水洗涤内罐和内盖2～3次，合并洗涤液于容量瓶中并用水定容至刻度，混匀备用。同时做试剂空白试验。

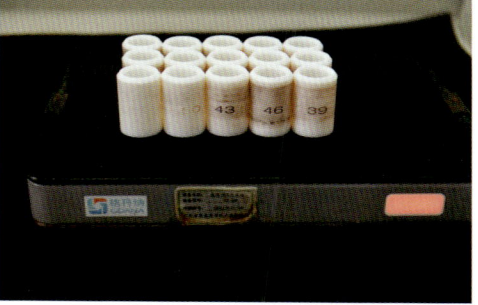

图3-20 压力罐消解食用林产品

4.测定

（1）标准曲线的制作。按质量浓度由低到高分别将10μL铅标准溶液和5μL磷酸二氢铵-硝酸钯溶液同时注入石墨炉，原子化后测其吸光度值，以质量浓度为横坐标，吸光度值为纵坐标，制作标准曲线。

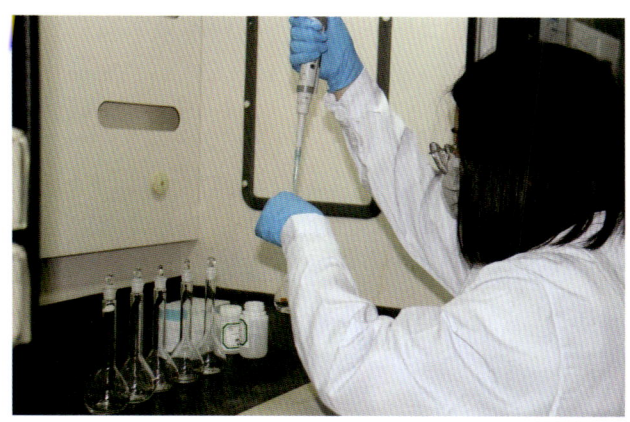

图3-21 食用林产品试样配制

（2）试样溶液的测定。在与测定标准溶液相同的实验条件下，将10μL试样溶液与5μL磷酸二氢铵-硝酸钯溶液同时注入石墨炉，原子化后测其吸光度值，与标准系列比较定量。

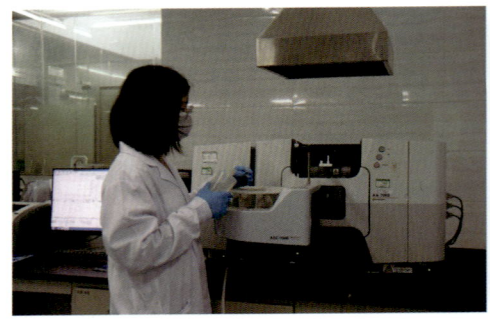

图3-22 食用林产品试样测定

（3）分析结果的表述。试样中铅的含量按下式计算：

$$X=\frac{(\rho-\rho_0)\times V}{m\times 1\ 000}$$

X——试样中铅的含量，mg/kg或mg/L；
ρ——试样溶液中铅的质量浓度，μg/L；
ρ_0——空白溶液中铅的质量浓度，μg/L；
V——试样消化液的定容体积，mL；
m——试样称样量或移取体积，g或mL；
1000—换算系数。

当铅含量≥1.00mg/kg（或mg/L）时，计算结果保留三位有效数字；当铅含量<1.00mg/kg（或mg/L）时，计算结果保留两位有效数字。

（二）农药残留定量检测流程

色谱-质谱联用法主要包括液相色谱-质谱联用法和气相色谱-质谱联用法，原理是利用色谱仪器（液相/气相）分离待测样品中的农药残留，利用质谱对分离出的农药逐个进行分析。色谱-质谱联用法可以对样品进行定性和定量分析，还能鉴定化合物的结构，灵敏度高、检测结果准确。

以检测标准《食品安全国家标准植物源性食品中331种农药及其代谢物残留量的测定液相色谱–质谱联用法》（GB23200.121）为例说明：

1. 原理。试样用乙腈提取，提取液经分散固相萃取净化，用液相色谱–质谱联用仪检测，外标法定量。

2. 标准品。331种农药及其代谢物标准品，纯度≥95%。

3. 试样制备

（1）试样制备。样品测定部位按照GB2763附录A规定执行。分别以竹笋、油茶籽、桂皮为例：

①对于个体较小的竹笋样品（如苦笋），取样后全部处理；对于个体较大的竹笋样品（如冬笋），取3~4个基本均匀的个体；竹笋表面如有泥土、碎屑等，需先用洁净纸巾擦拭干净，后将其去壳并切碎，充分混匀，用组织捣碎机匀浆，均分后分别放入两个聚乙烯瓶中，并标记好测样及备样。

②油茶籽随机取样500g（需去除杂质、霉变油茶籽），粉碎后充分混匀，均分后分别放入两个聚乙烯瓶或袋中，并标记好测样及备样。

③桂皮随机取样500g，用洁净纸巾擦除表面杂质，掰成小块放入粉碎机粉碎，充分混匀，均分后分别放入两个聚乙烯瓶或袋中，并标记好测样及备样。

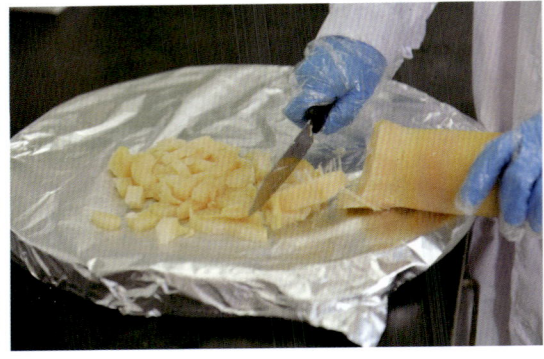

图3-23 竹笋试样制备

（2）试样储存。按照测样和备样分别存放，于-18℃以下条件保存。

4.前处理

（1）蔬菜、水果、食用菌

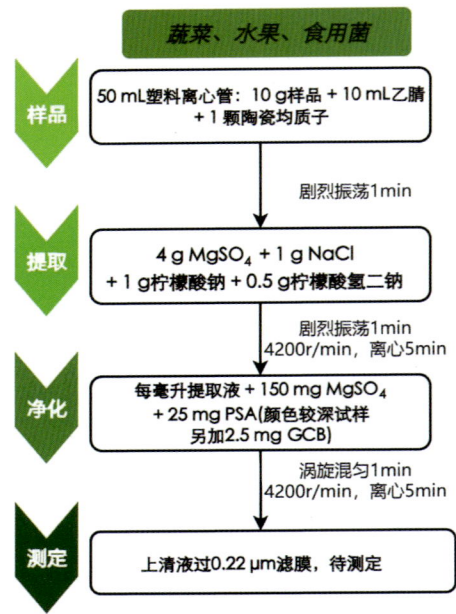

图3-24 蔬菜、水果、食用菌前处理流程图

（2）油料和坚果

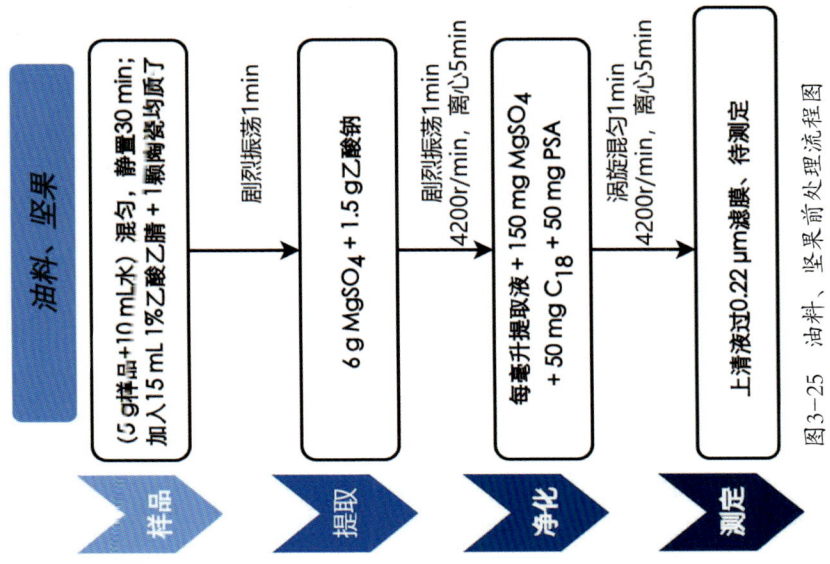

图3-25 油料、坚果前处理流程图

（3）香辛料（调味料）

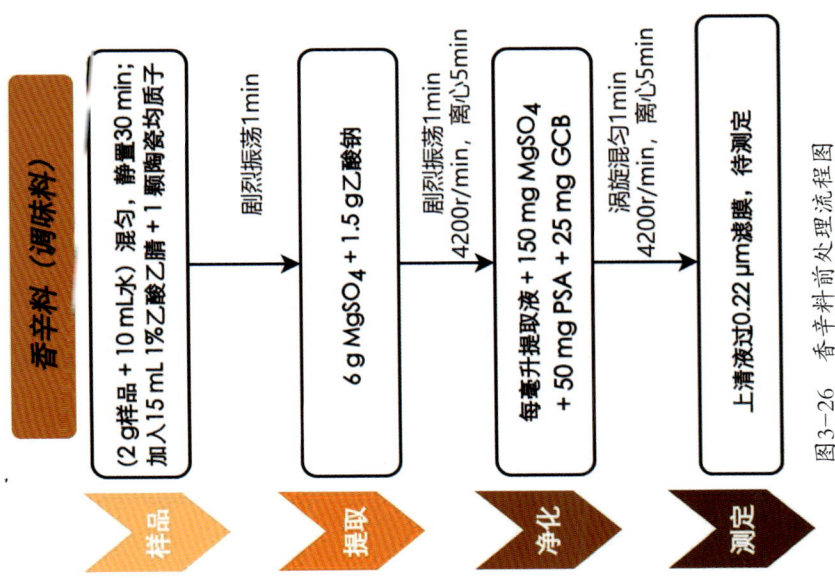

图3-26 香辛料前处理流程图

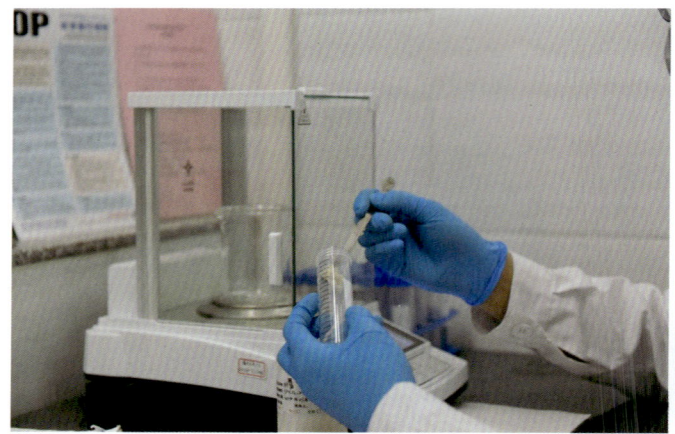
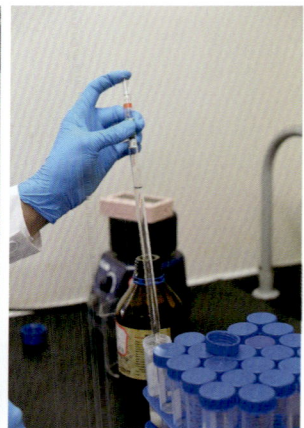

图3-27 试样称取及加液

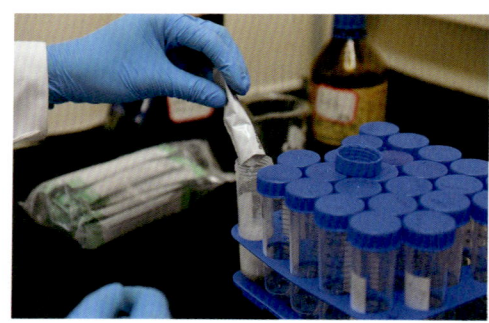
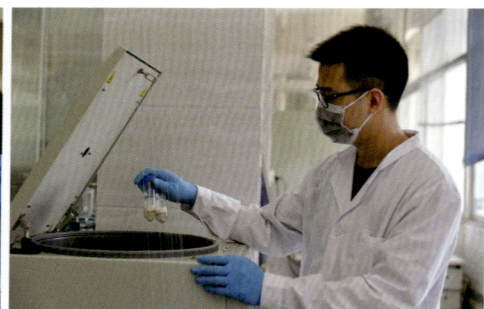

图3-28 试样提取及离心后状态

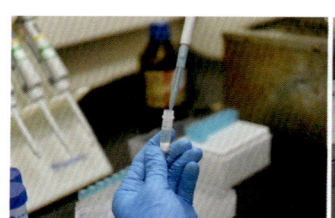
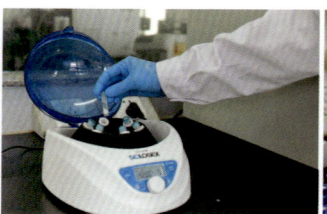
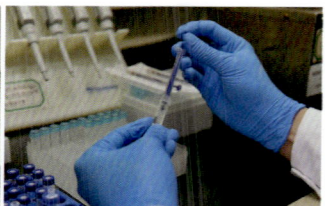

图3-29 试样净化过程

5.测定

（1）液相色谱参考条件

色谱柱Shim-packGIST-HPC18-AQ柱，2.1mm×100mm×1.9μm，或相当者；进样量2μL。

表3-17　液相色谱参考条件

时间（min）	流速（mL/min）	柱温（℃）	A相（2mmol/L甲酸铵-0.01%甲酸水）	B相（2mmol/L甲酸铵-0.01%甲酸甲醇）
0	0.3	40	97%	3%
1	0.3	40	97%	3%
1.5	0.3	40	85%	15%
2.5	0.3	40	50%	50%
18	0.3	40	30%	70%
23	0.3	40	2%	98%
27	0.3	40	2%	98%
27.01	0.3	40	97%	3%
30	0.3	40	97%	3%

（2）质谱参考条件

表3-18　质谱参考条件

离子源	接口电压（kV）	DL温度（℃）	加热块温度（℃）	雾化气流速（L/min）	干燥器流速（L/min）	检测模式
ESI+	5.5	150	400	3.0	10.0	MRM
ESI-	-4.5	150	400	3.0	10.0	MRM

（3）基质匹配标准工作曲线。选择与被测样品性质相同或相似的空白样品进行前处理，得到空白基质溶液。精确吸取一定量混合标准溶液，用空白基质溶液逐级稀释成质量浓度为0.5mg/L、0.2mg/L、0.1mg/L、0.05mg/L、0.02mg/L、0.01mg/L、0.002mg/L和0.002mg/L的基

质匹配标准工作溶液，根据仪器性能和检测需要，选择不少于5个浓度点，供液相色谱-质谱联用仪测定，基质匹配标准工作溶液需现配现用。以农药定量用子离子的质量色谱图峰面积为纵坐标，以相对应的基质匹配标准工作溶液质量浓度为横坐标，绘制基质匹配标准工作曲线。

（4）定性及定量

①保留时间。被测试样中目标农药色谱峰的保留时间与相应标准色谱峰的保留时间相比较，相对误差应在±2.5%之内。

②离子丰度比。在相同实验条件下，检出色谱峰保留时间与标准样品一致，扣除背景后质谱图中目标化合物子离子均出现，同一检测批次同一化合物，样品中目标化合物离子丰度比与质量浓度相当基质标准溶液比，其允许偏差不超过规定范围，则判断样品中存在目标农药。

表3-19　定性时离子丰度比的最大允许偏差（单位：%）

离子丰度比	>50	20~50	10~20	≤10
允许相对偏差	±20	±25	±30	±50

③定量。外标法定量。

6.试样溶液的测定。将基质匹配标准工作溶液和试样溶液依次注入液相色谱-质谱联用仪中，保留时间和离子丰度比定性，测得定量用子离子的质量色谱图峰面积，待测样液中农药的响应值应在仪器检测的定量测定线性范围之内，超过线性范围时，应根据测定浓度进行适当倍数稀释后再进行分析。

图3-30 试样上机测定

7.平行试验。按以上步骤对同一试样进行平行试验测定。

8.空白试验。除不加试样外,采用完全相同的步骤进行平行操作。

9.结果计算。试样中各农药残留量以质量分数w计,单位为毫克每千克(mg/kg),根据单点峰面积或外标标曲,按下列公式(1)或(2)计算:

$$w = \frac{p_1 \times A \times V}{A_s \times m} \times \frac{1000}{1000} \quad (1)$$

$$w = \frac{p_2 \times V}{m} \times \frac{1000}{1000} \quad (2)$$

式中:w——试样中被测物残留量的数值,mg/kg;

p_1——基质匹配标准工作溶液中被测物的质量浓度的数值,mg/L;

p_2——从基质匹配标准工作曲线中得到的试样溶液中被测物的质量浓度的数值,mg/L;

A——试样溶液中被测物的质量色谱图峰面积;

A_s——基质匹配标准工作溶液中被测物的质量色谱图峰面积;

V——提取液体积的数值,mL;

m——试样质量的数值,g。

计算结果以重复性条件下获得的两次独立测定结果的算术平均值来表示,保留两位有效数字,含量超1mg/kg时保留三位有效数字。

以检测标准《蔬菜和水果中有机磷、有机氯、拟除虫菊酯和氨基甲酸酯类农药多残留的测定》(NY/T761)第2部分:蔬菜和水果中有机氯类、拟除虫菊酯类农药多残留的测定方法二为例说明:

1.原理。试样中有有机氯、拟除虫菊酯类农药用乙腈提取,提取液经过滤、浓缩后,采用固相萃取柱分离、净化,洗液经浓缩过滤后,被注入气相色谱,农药组分经毛细管柱分离,用电子捕获检测器(ECD)检测。保留时间定性,外标法定量。

2.标准品。41种农药及其代谢物标准品,纯度≥95%。

3.试样制备

(1)试样制备。样品测定部位按照GB2763-2021附录A规定执行。

分别以竹笋、油茶籽、桂皮为例:

①对于个体较小的竹笋样品(如苦笋),取样后全部处理;对于个体较大的竹笋样品(如冬笋),取3~4个基本均匀的个体;竹笋表面如有泥土、碎屑等,需先用洁净纸巾擦拭干净,后将其去壳并切碎,充分混匀,用组织捣碎机匀浆,均分后分别放入两个聚乙烯瓶中,并标记好测样及备样。

②油茶籽随机取样500g(需去除杂质、霉变油茶籽),粉碎后充分混匀,均分后分别放入两个聚乙烯瓶或袋中,并标记好测样及

备样。

图3-31 油茶籽试样制备

③桂皮随机取样500g,用洁净纸巾擦除表面杂质,将桂皮掰成小块放入粉碎机粉碎,充分混匀,均分后分别放入两个聚乙烯瓶或袋中,并标记好测样及备样。

(2)试样储存。按照测样和备样分别存放,于-20℃~-16℃条件下保存。

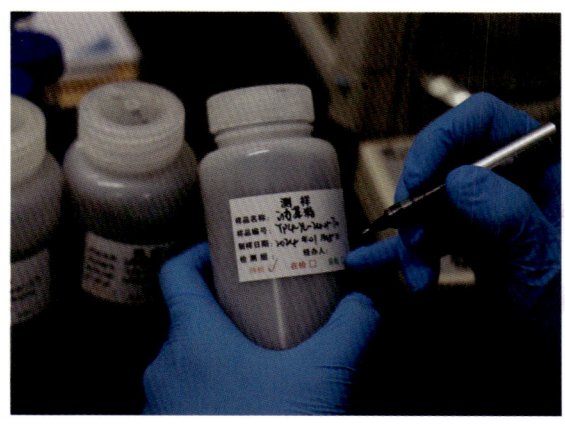

图3-32 试样储存

4.前处理

（1）称取样品试样25g（精确到0.01g）放置于100mL离心管中，加入50mL乙腈，在均质器中高速匀浆1min后（均质速度11 000r/min），加入5～7g氯化钠再高速匀浆1min，离心机3600r/min离心8min。吸取上清液10.0mL于15mL离心管中，70℃氮吹水浴加热，蒸发至近干，加入2.0mL正己烷，混匀待净化。将弗罗里矽柱依次用5.0mL丙酮+正己烷（10+90）*、5.0mL正己烷预淋洗，活化柱子，倒掉淋洗液。当溶剂液面到达柱吸附层表面时，倒入上述待净化溶液，用新的15mL离心管接收洗脱液，用5.0mL丙酮+正己烷（10+90）冲洗旧离心管后淋洗弗罗里矽柱，并重复一次。将盛有淋洗液的离心管置于氮吹仪上，在水浴温度45℃条件下，氮吹蒸发至小于5.0mL（氮吹时液体表面形成小漩涡即可，气流不要过大），用正己烷定容至5.0mL，在涡旋混合器上混匀1min，取上清液过0.22μm微孔滤膜，待测定。同时，不加试样按上述步骤进行空白试验处理。另外选择与被测样品性质相同或相似的空白样品进行前处理，得到空白基质溶液。

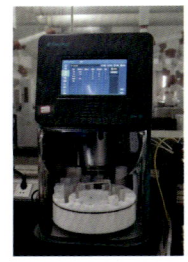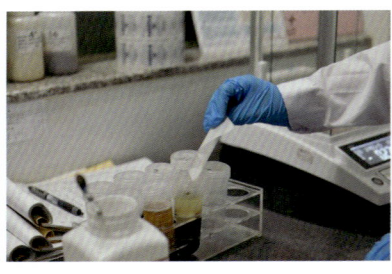

图3-33　试样制备过程

* 为标准表述

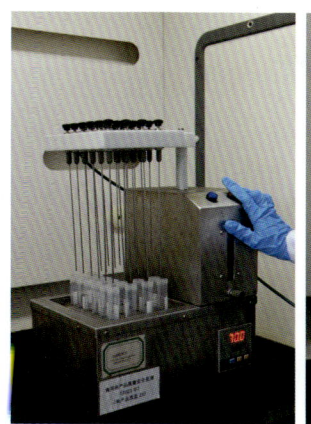
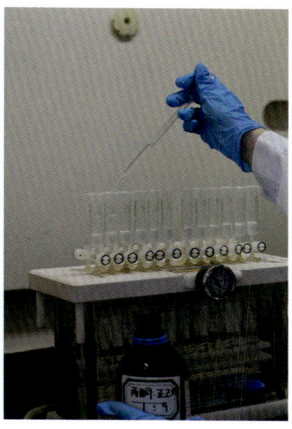

图3-34 试样浓缩及净化过程

5.测定

（1）气相色谱参考条件

色谱柱：SH-Rtx-1（30m×0.25mm×0.25μm）或相当者，进样口温度：220℃；检测器温度：320℃；柱温：180℃（保持2min）以每分钟6℃升温至280℃（保持16min）；进样量：1.0μL。

载气：氮气，纯度≥99.999%，流速1mL/min；辅助气：氮气，纯度≥99.999%，流速为30mL/min。进样方式：分流进样，分流比8∶1。

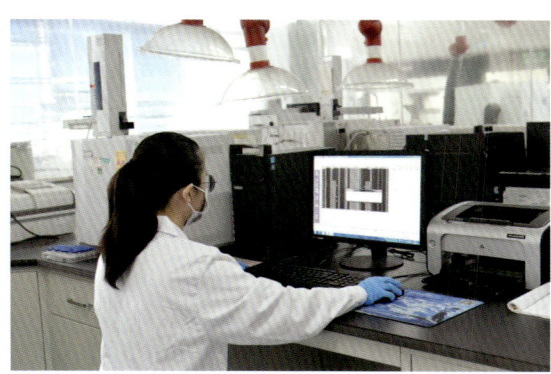

图3-35 试样上机测定

（2）定性及定量

①保留时间。测得的样品溶液中未知组分的保留时间与标准溶液在同一色谱柱上的保留时间相比较，如果样品溶液中某组分的保留时间与标准溶液中某一农药的保留时间相差在±0.05min内，则可认定为该农药。

②定量。外标法单点定量，吸取一定量的混合标准溶液，用空白基质溶液稀释成所需浓度的基质标准工作溶液，以样品溶液峰面积与标准工作溶液峰面积比较定量。

6.定量结果计算

试样中被测农药残留量以质量分数ω计，单位以毫克每千克（mg/kg）表示，按下列公式计算。

$$\omega = \frac{V_1 \times A \times V_3}{V_2 \times A_s \times m} \times \rho$$

式中：ρ——标准溶液中农药的质量浓度，mg/L；

A——样品溶液中被测农药的峰面积；

A_s——农药标准溶液中被测农药的峰面积；

V_1——提取溶剂总体积，mL；

V_2——吸取用于检测的提取溶剂的体积，mL；

V_3——样品溶液定容体积，mL；

m——试样的质量，g。

计算结果保留两位有效数字，当结果大于1mg/kg时，保留三位有效数字。

第二节 食用林产品快速检测技术

一、快速检测

快速检测具备检测时间少、易于人工操作或者自动操作、小型化、检测成本低等特点，是满足用户适当需求的替代方法。

（一）食用林产品快速检测参数、方法及仪器

表3-20 快速检测参数、方法及仪器

序号	名称	参数	方法	仪器
1	油茶籽	含油率、水分	近红外光谱技术	便携式油茶籽质量分析仪、近红外食用林产品质量分析仪
2	竹笋	水胺硫磷、克百威、吡虫啉、三唑磷、甲萘威、滴滴涕	胶体金免疫层析法	食用林产品综合分析仪
3	沉香叶	甲基异柳磷、克百威、吡虫啉、烯酰吗啉、苯醚甲环唑	胶体金免疫层析法	食用林产品综合分析仪
3	猴耳环	甲基异柳磷、克百威、吡虫啉、阿维菌素、烯酰吗啉、苯醚甲环唑	胶体金免疫层析法	食用林产品综合分析仪
3	益智	克百威、吡虫啉、阿维菌素、烯酰吗啉、苯醚甲环唑	胶体金免疫层析法	食用林产品综合分析仪
3	五指毛桃	佛手柑内酯、补骨脂素	近红外光谱技术	近红外食用林产品质量分析仪

（二）食用林产品快速检测报告模板

快速检测报告

承检单位	单位名称			受检单位	单位名称	
	单位地址				单位地址	
样品信息							
样品名称			种植面积		抽样人/送样人	
检测方法	胶体金免疫层析法/荧光法/近红外光谱法/酶联免疫法等					

检测结果

样品编号	样品数量	序号	检测项目	单位	检测结果	检出限	检测日期	检测结论
		1	水胺硫磷	mg/kg		0.1		
		2	克百威	mg/kg		0.02		
		3	三唑磷	mg/kg		0.01		
		4	吡虫啉	mg/kg		1		
		5	甲萘威	mg/kg		0.02		
以下空白							

检测员（签字）：　　　　　审核人（签字）：　　　　　签发日期：

图3-36　快速检测报告

（三）快速检测设备

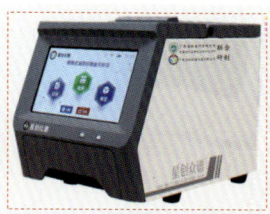
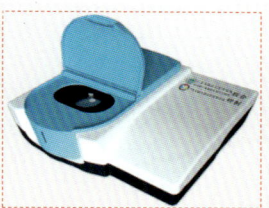
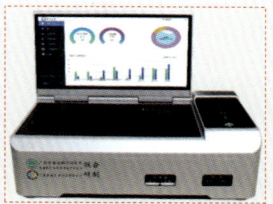

图3-37　快速检测设备

二、便携式油茶籽质量分析仪

（一）简介

便携式油茶籽质量分析仪（G1035-H）可适用于油茶籽的收购、存储、加工等多个环节，可快速检测油茶籽中的品质成分指标（水分、脂肪），为油茶籽品质鉴定提供快速检测方法。仪器可应用于实验室、车间、车载、野外现场等不同场合。

（二）仪器示意图

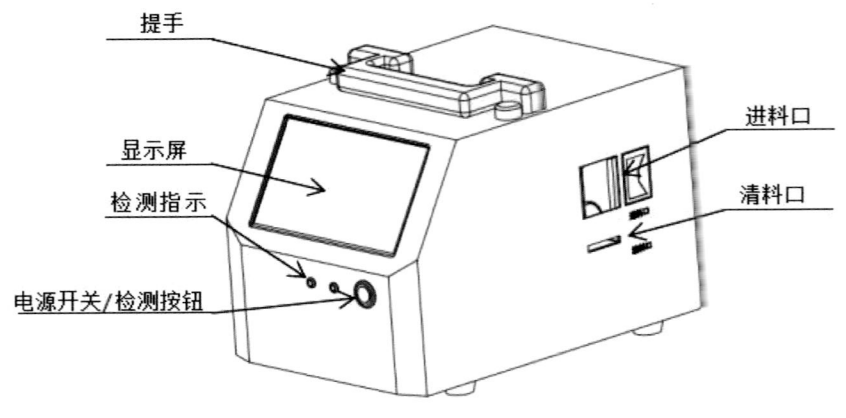

正面

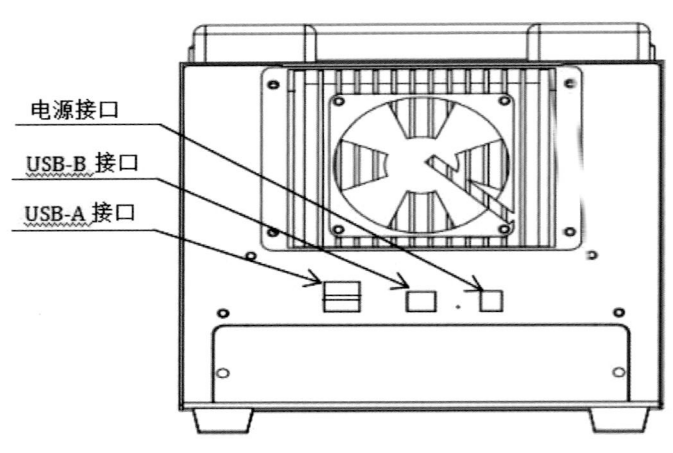

背面

图3-38 便携式油茶籽质量分析仪

（三）油茶籽含油率、水分检测

1.油茶籽样品前处理

①取约50g整粒油茶籽样品到粉碎机粉碎6s；

②将粉碎的样品过40目筛后，把筛上的样品再粉碎6s；

③重复第二步直至90%的样品能够过40目筛；

④将所有样品混合均匀备用。

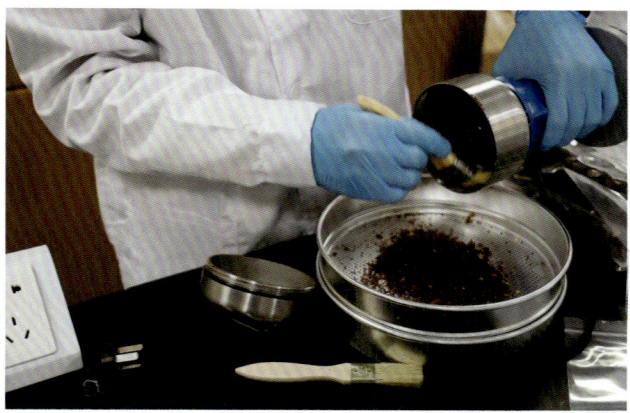

图3-39　油菜籽制样过程照片

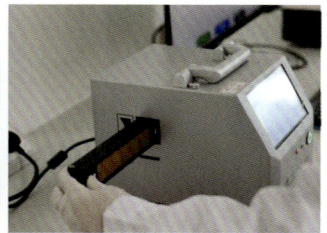

图3-40　油菜籽检测过程照片

2.上机

①将样品仓平稳放在桌面上，带滑块一端朝上；

②打开样品仓盖板，将样品均匀倒入样品仓中；

③用药匙轻刮样品，直至与样品仓表面齐平；

④盖上样品仓盖板，使样品仓部件紧贴无明显缝隙，并清理样品仓表面多余的样品；

⑤观察样品仓两端镜片，保证样品表面无明显空隙（如有空隙，应重新装样）。

3.检测

①将样品仓竖直放在桌面上，有样品且平整的一端应正对检测人员。

②轻托样品仓，从仪器左端的进料口插入，缓慢将样品仓推入直至红色指示灯熄灭。

③选择需要检测的样品。

④输入样品编号：用户可以激活输入框输入样品编号，也可以单击输入框右边的"+""–"按钮改变样品编号，点击清除可清空样品编号。

检测页面

图3-41　检测页面

⑤开始检测：在检测之前要看样品仓是否放置在正确的位置。点击页面检测按键的时候，当样品仓未放好时，红色指示灯会亮，会出现提示"样品仓放置位置不正确，正确后红灯熄灭"；若样品仓正常，则直接进入检测，并弹出检测进度条。

⑥检测结果查看：一次检测完成时，各成分含量值会更新。如需查看更多检测记录，可点击页面上的记录按键。

⑦检测完成后取出样品仓，用毛刷将样品扫出，并将样品仓清理干净。

（四）检测期间需注意事项

①油茶籽样品尽可能是干样，湿样不容易过筛，制样前可先进行烘干处理；

②如过筛后余下的样品块过大难以充分粉碎，可适当先剪碎再进行粉碎；

③为避免过热样品油分渗出，粉碎次数以2～3次为宜，可根据实际情况操作；

④操作过程中请勿触碰镜片，需保持镜片表面清洁。

三、近红外食用林产品质量分析仪

（一）简介

近红外食用林产品质量分析仪可适用于五指毛桃、油茶籽等的收购、存储、加工等多个环节的快速、无损、多指标（水分、脂肪、佛手柑内酯、补骨脂素等）定量检测分析。可应用于实验室、车间、车载等不同场合。

（二）仪器示意图

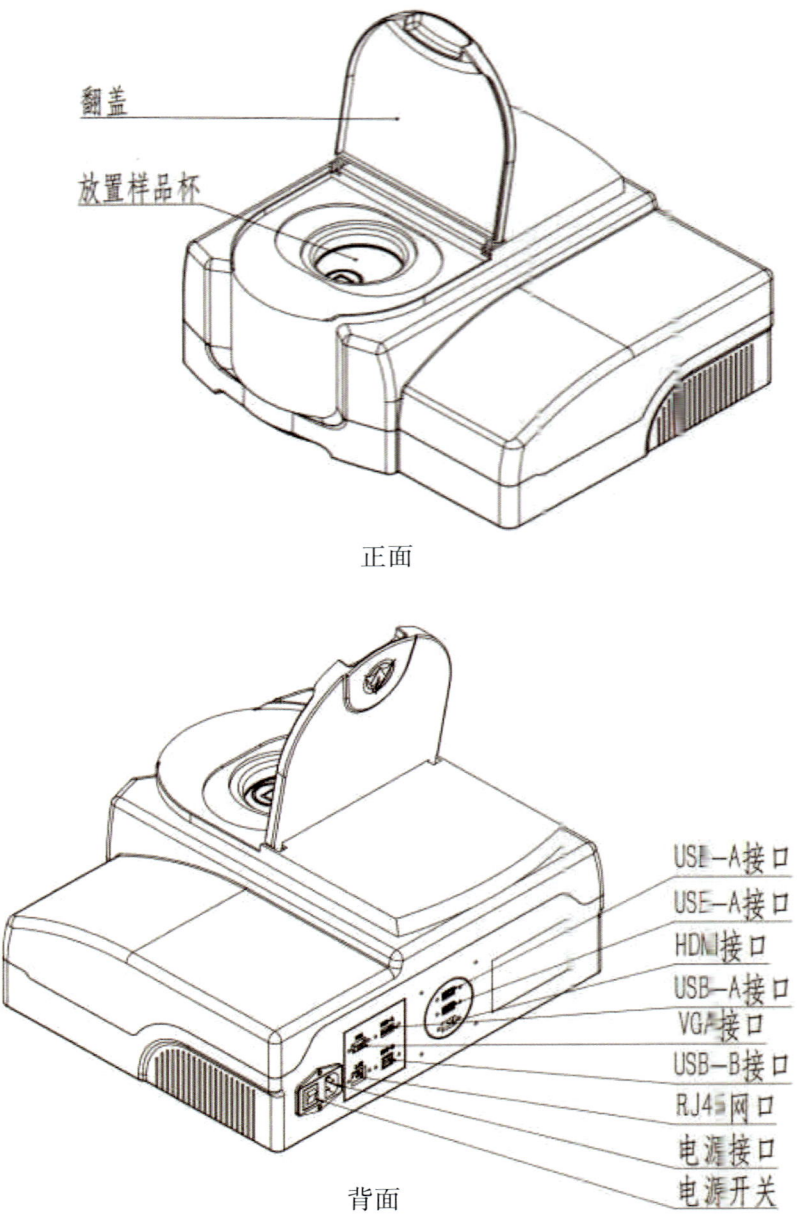

图3-42　近红外食用林产品质量分析仪示意图

（三）五指毛桃/油茶籽品质检测

1.样品前处理

①将五指毛桃/油茶籽烘干，方便粉碎之后过筛；

②取约50g五指毛桃/油茶籽样品到粉碎机粉碎6s；

③将粉碎的样品过40目筛后，把筛上的样品再粉碎6s；

④重复第二步直至90%的样品能够过40目筛；

⑤将所有样品混合均匀备用。

图3-43　五指毛桃制样过程照片

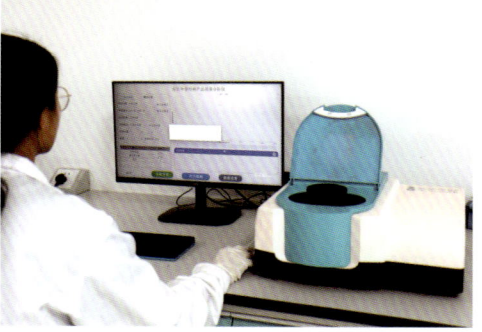

图3-44　五指毛桃检测过程照片

2.仪器设置

分别打开显示器和主机的电源开关；

选择首页"设置"图标，进入设置页面，点击设置页面左下角的"返回"按键可返回首页；

设置菜单的内容包括参数设置、服务设置、连接设置、账号设置、仪器信息设置、退出登录、关闭软件；

通过点击页面左边按键，可切换到不同设置页面。

图3-45　登录页面

图3-46　主页面

3.五指毛桃/油茶籽样品快速检测

①将样品杯平稳地放在桌面上，开口端朝上；

②将过筛后的五指毛桃/油茶籽样品均匀倒入样品杯中；

③用药匙轻刮样品，直至底面全部覆盖；

④将装好样品的样品杯放入检测池，点击"开始检测"按钮；

⑤填写样品名称—样品编号—选择是否自动保存（若是自动保存，勾选的情况下会将检测数据自动存入数据库）—选择模型配置—选择采集模式，可选择单点采集或动态采集；

⑥检测完成后取出样品杯，用毛刷将样品扫出，并将检测池、样品杯清理干净。

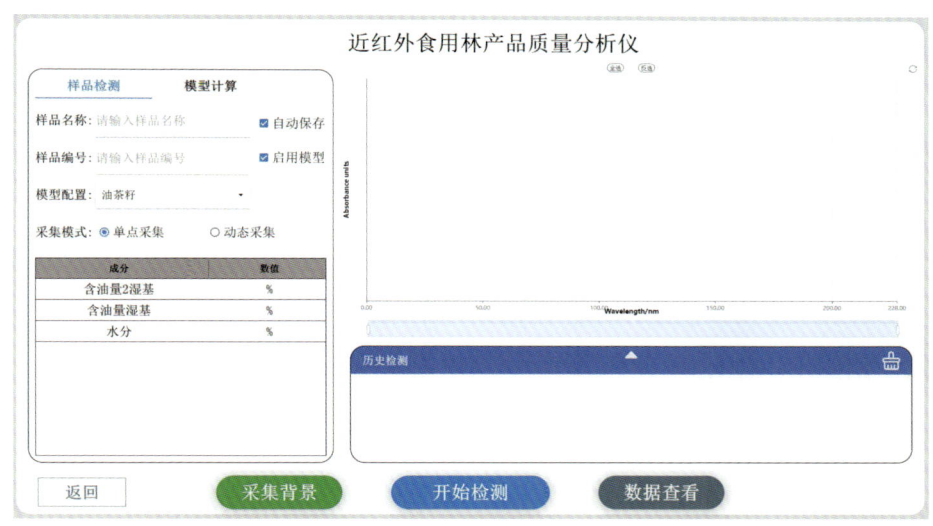

图3-47　检测界面

4.检测期间需注意事项

①样品尽可能是干样，湿样不容易过筛，制样前可先进行烘干处理；

②如过筛后余下的样品块过大难以充分粉碎，可适当先剪碎再进行粉碎；

③操作过程中请勿触碰镜片，需保持镜片表面清洁。

四、食用林产品综合分析仪

（一）简介

食用林产品综合分析仪包含了分光光度模块、胶体金检测模块、荧光检测模块和数据处理平台。在全国范围内，推广应用国家追溯平台，平台以电子合格证为追溯凭证，制定生产基地准出与进入市场的制度要求，便于监管者监督检查和可视监管。食用林产品综合分析仪可应用于各级政府、蔬菜检测中心、农贸市场、环保机构、蔬菜种植基地、水产品养殖基地、实验室等场合的食品检测与监控。

（二）仪器特色

1.检测模块分为三大部分：多功能检测（农药残留、非法添加、食品添加剂、质量指标以及金属元素）、胶体金检测（违禁添加、兽药残留、农药残留以及生物毒素）、荧光检测。

2.内置高速不干胶打印机（符合农业农村部最高标准），可随时打印检测结果、食用农产品合格证和追溯二维码等信息。

3.检测方法符合国家标准，检测精度高，前处理过程简单，检测速度快。

（三）仪器示意图

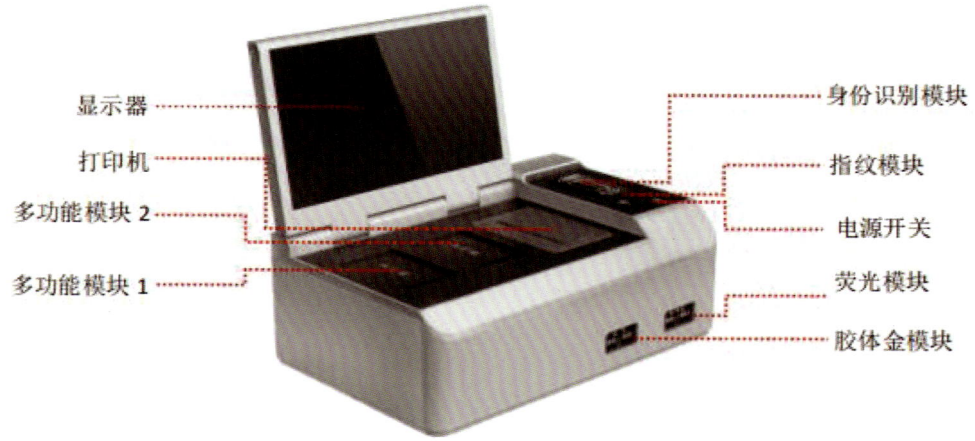

正面

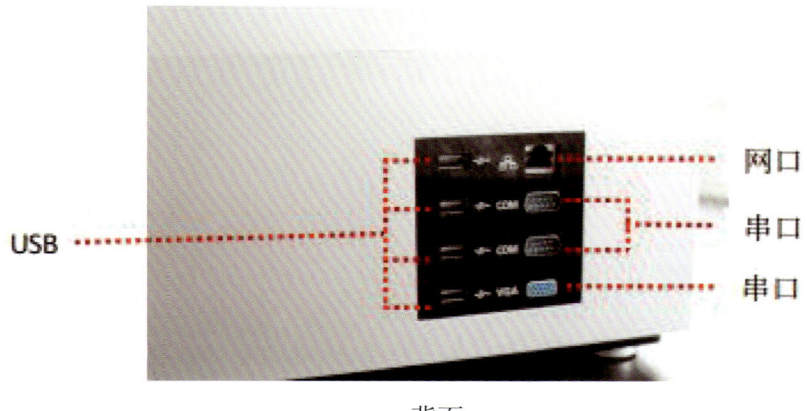

背面

图3-48　食用林产品综合分析仪示意图

（四）竹笋样品快速定性检测

取2g竹笋样品，剪成1cm左右见方的碎片，放入50mL离心管中，加入4mL三唑磷稀释液，按120次/min的频率振荡混匀2min，将离心管静置2min后，上清液即为样品液。若提取液混浊或杂质太多，可过滤

（或者4000转离心3min）后再测。

图3-49　竹笋制样照片

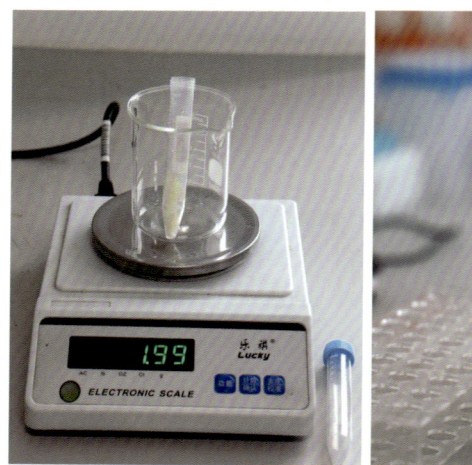
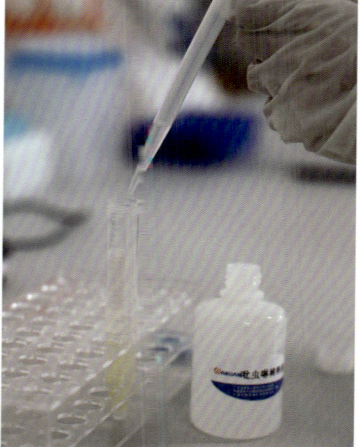
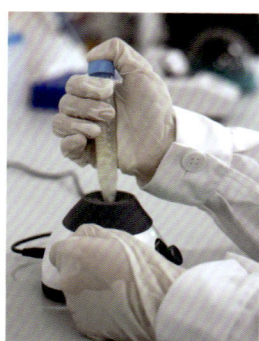
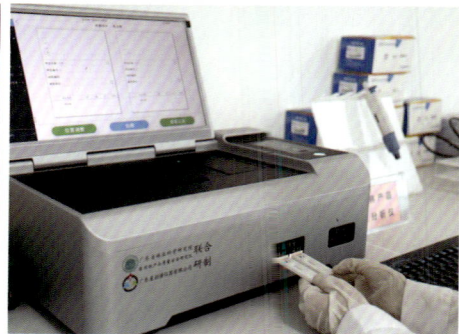

图3-50　竹笋检测过程照片

将检测卡平放，用移液枪取100μL待测液加于金标微孔中，上下抽吸5～10次直至微孔试剂混合均匀。室温反应3min，将反应液全部加入到检测卡的加样孔中，5～8min后根据示意图判定结果。

第四章
监测过程管理工具

第一节 管理工具功能实现

一、监测过程管理工具Web服务端

1.综合展示

监测过程管理工具Web服务端主要对林产品检测全过程管理数据进行图表展示与分析，具体数据包括抽样数据、接样数据、检测数据等；同时提供基于GIS可视化的空间维度以及时间维度分析功能。综合展示通过构建多维可视化图表体系，系统呈现各个核心环节的动态数据，实时掌握林产品监测过程的整体情况。

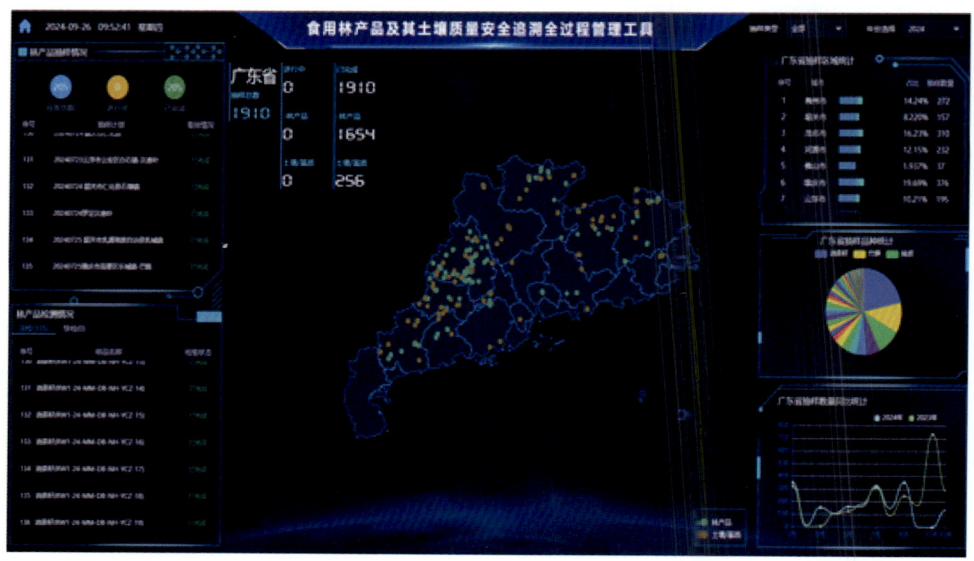

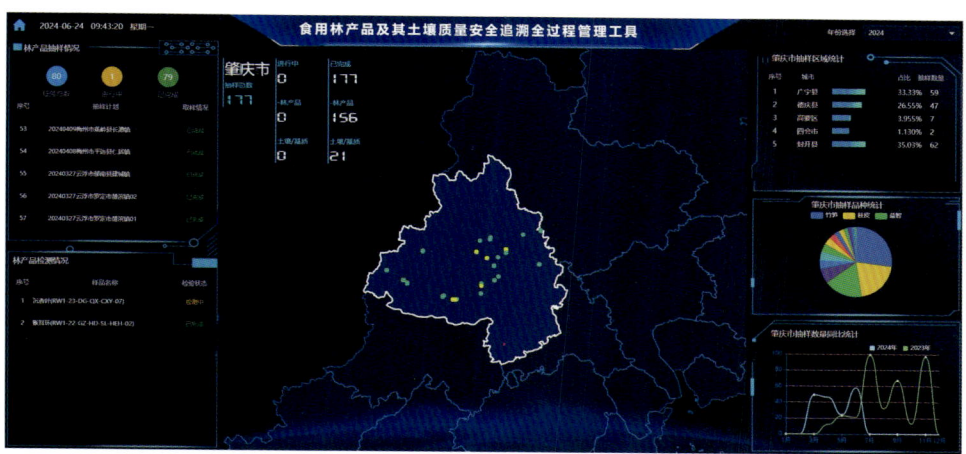

图4-1　食用林产品及其土壤质量安全追溯全过程管理工具综合展示图

2.抽样管理工具——抽样管理

抽样管理工具——抽样管理模块包括抽样计划、抽样记录、统计分析报告生成导出。

（1）抽样计划。对抽样计划进行新增、修改、删除等管理操作，可设置抽样任务地点、预设样品编号、分配抽样组长、GIS地图点选或框选抽样范围等。新建抽样任务后可在现场抽样工具开始进行抽样任务。

图4-2　抽样计划页面

（2）抽样记录。将现场抽样工具填报的抽样数据直接同步到抽样记录中并进行管理，可对抽样记录的数据进行修改更正，可在GIS地图上查看该抽样记录的抽样地点。

图4-3　抽样记录页面

（3）统计分析。对抽样记录进行数据统计并汇总分析，每年度自动对抽样记录生成按地区、按品种等多维度的统计分析结果，以图表、表格等多种方式对统计结果进行可视化展示。生成按照各地市抽样数、各地市不同品种抽样数等不同层级的统计表格，并能够直接导出标准规范的Excel统计文档。

图4-4 统计分析页面

（4）报告生成导出。对抽样填报的数据以及现场的电子签名和公章进行组装，生成固定格式的抽样记录报告，可在线查看抽样报告并导出PDF或Word格式文档。

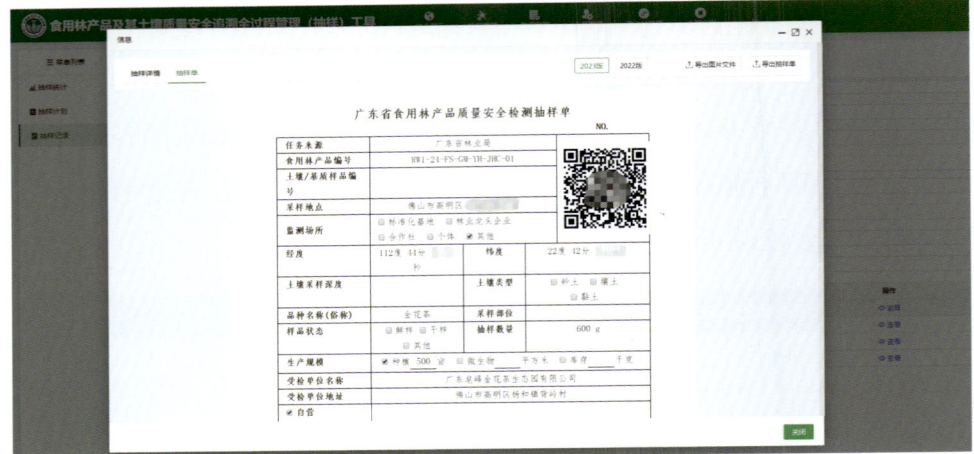

图4-5　抽样报告

3.抽样管理工具——人员管理

抽样管理工具——人员管理模块包括抽样组管理、组长管理、抽样员管理。

（1）抽样组管理。预先配置抽样组并分配组长，可选分配或不分配组员，组员可在抽样现场有网络的环境下扫描组长抽样组的二维码快捷进组。

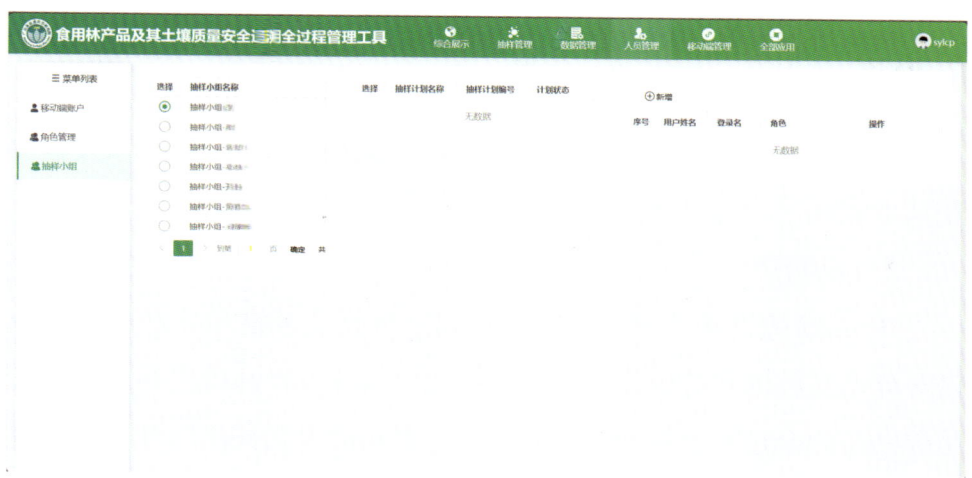

图4-6　抽样小组管理页面

（2）组长管理。将检测人员分为组长和组员两种角色，组长主要负责任务的分配、组员的配置、抽样编号规则制定、离线数据同步等。平台需预先管理组长用户角色，在创建抽样任务时选择组长用户作为抽样小组的负责人，组长可在现场抽样工具中查看自己所在抽样组的二维码，组员扫描二维码即可加入采样组，并且会在平台中保留组员的信息，便于后续管理。

（3）抽样员管理。对预先录入的抽样员和现场扫码加入抽样组的人员进行管理，抽样员作为抽样组的组员，主要负责现场采样、上传采样照片、填写采样信息等。

（二）检测管理工具

接样与检测管理工具Web端由综合展示、样品管理及检测过程管理、检测项目管理等模块组成，并为移动端提供相关交互接口；接样与检测工具移动端主要由扫码接样、接样管理、检测管理、统计分析、意见反馈、我的信息相关功能组成。

1.综合展示

接样检测管理工具——综合展示主要提供快捷的数据显示及相关统计功能。

2.样品管理

样品检测管理工具——样品管理主要是记录样品接样的信息及做好样品流转的相关统计,为后续样品出入库及样品检测提供索引,是样品监测全过程管理的重要环节,主要功能包括样品库存、样品流转管理,通常结合移动端对样品进行入库管理,如图4-7。

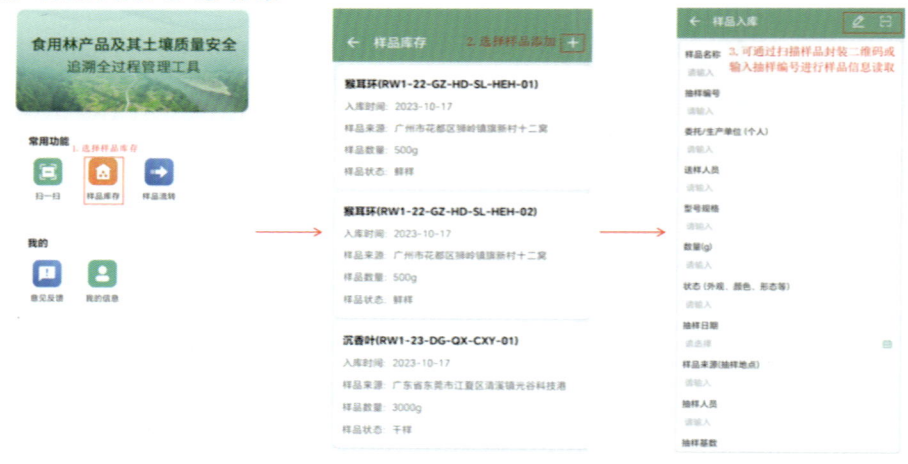

图4-7　样品入库操作流程

3.检测过程管理

检测过程管理工具——检测过程管理模块主要是对林产品抽样采集的样品进行实验室检测与检测全过程数据管理,包括检测任务、样品检测流转、原始数据管理、检测报告管理。

（1）检测任务，对抽样组提供的样品制定合适的检测任务，分配检测人员；对检测任务进度进行管理与把控。

（2）样品检测流转，对样品检测全过程进行监测，包括样品出库，样品前处理，样品检测，样品结果汇总等内容。

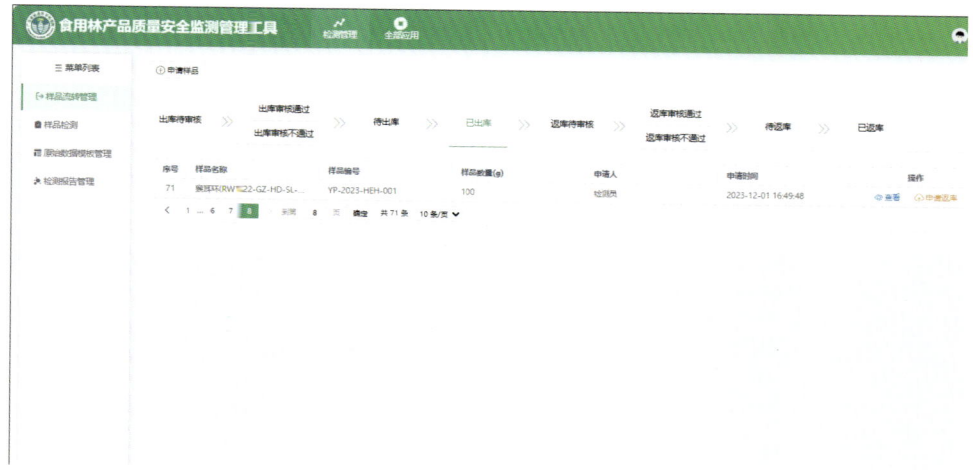

图4-8　样品管理信息页面

（3）原始数据管理，对实验室检测人员的检测数据进行录入导入管理，根据已有的数据验证规则，工具会自动验证检测数据有效位数及计算结果是否有误，并且对填写错误处进行修改提示。

样品前处理记录　标准溶液配制记录　原始记录　　　模板导入　附件上传

色谱法前处理表						
检测项目	乙酰甲胺磷，速灭磷，氯磺隆，克百威，乐果，甲基异柳磷，甲拌磷，杀扑磷			环境条件:		处理日期:
制备依据	《食品安全国家标准 植物源性食品中331种农药及其代谢物残留量的测定 液相色谱—质谱联用法》 GB 23200.121-2021					
设备编号						
制备过程						
样品名称	样品编号	平行编号	取样量（g）	定容体积（mL）	稀释倍数	加标量(μg)
备注						

检验者:　使用电子签名　　复核者:　　复核日期:

下载　保存　返回

图4-9　原始数据管理页面

（4）检测报告管理：根据检测结果以及抽样样品的基础信息自动生成指定模板格式的检测报告，同时可配置预设的电子签名和公章，在生成报告时直接集成到报告指定位置，便于直接下载或发送具有公信力的检测结果报告。

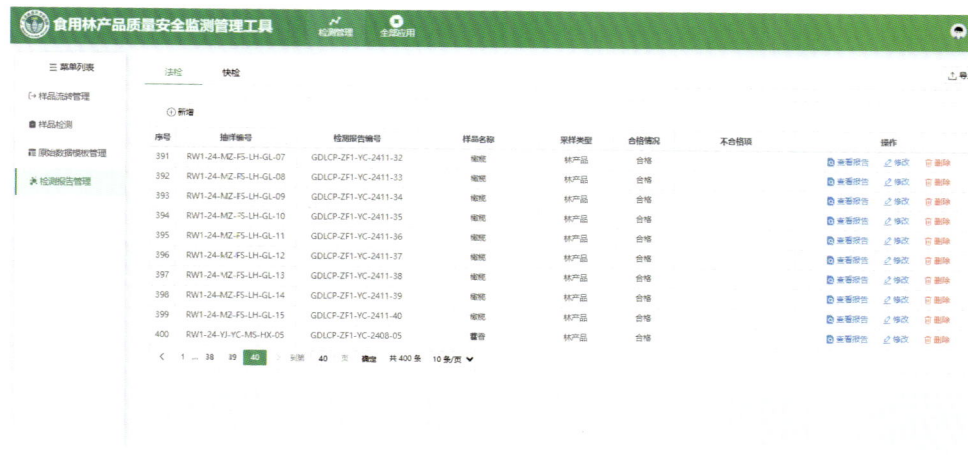

图4-10 检验检测报告管理页面

4.检测项目管理

接样检测管理工具——检测项目管理模块主要是对实验室检测过程中需要检测的项目进行管理，包括检测项目配置、检测标准管理：

（1）检测项目配置。对所有检测项目基础数据的管理，包括检测项目名称、检测项目编码、检测标准等信息。

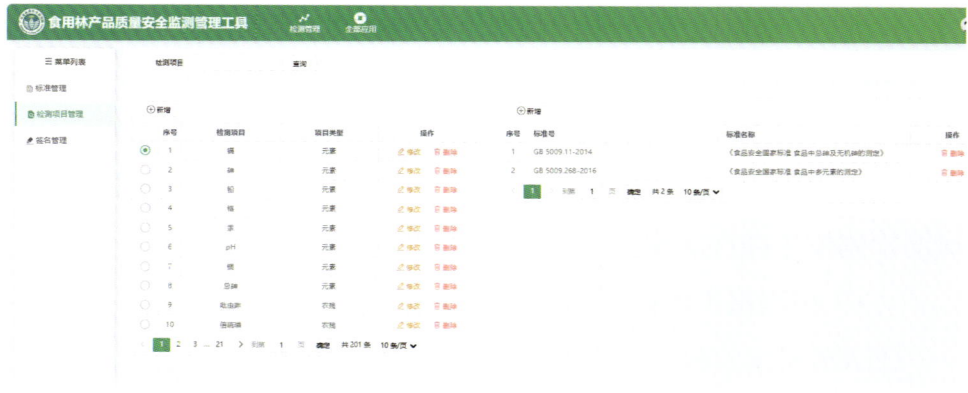

图4-11 检测项目配置页面

（2）检测标准管理。对所有检测项目的检测方法依据法律法规或相关标准进行管理维护，提供法律法规或标准规范的文档在线预览和下载功能，对文档中主要参照或依据的部分内容进行提取，可用作后续检测结果的判定依据。

图4-12 检测标准管理页面

（三）检测报告审核工具

食用林产品质量安全检测报告审核工具主要由报告管理、检测报告、产品管理、检测项目管理、标准管理、林产品检测参数管理、检测方法管理组成。食用林产品质量安全检测报告审核工具角色主要由入库人员、检测人员、审核人员组成。入库人员主要填报入库相关信息，检测人员主要填报检测数据并生成检测报告，审核人员主要对生成的检测报告进行审核。

（1）检测报告审核工具——检测报告

①入库员填报报告入库的基本信息，并将填报的信息提交给检测人员进行检测。入库基本信息有"草稿""已提交""已退回""已审核"等状态。

图4-13 检测报告页面

在"草稿"状态下可以新增入库信息，新增信息如图4-13所示，可以填写样品的基础信息，包括报送单位、样品名称、采样时间、采样地址、检测公司等。

可以填写检测结果数据，包括检测参数、检测方法、检出限值、判定依据、限量值等。

审核员对检测员提交的检测报告进行审核。主要有"待审核""已审核""已退回"等状态。在待审核状态下，可以对报告进行审核，审核通过和审核不通过操作并填写相关原因。

图4-14为已审核列表。

图4-14 审核列表页面

点击"预览",查看报告详情。

点击"导出",得到检验检测报告。

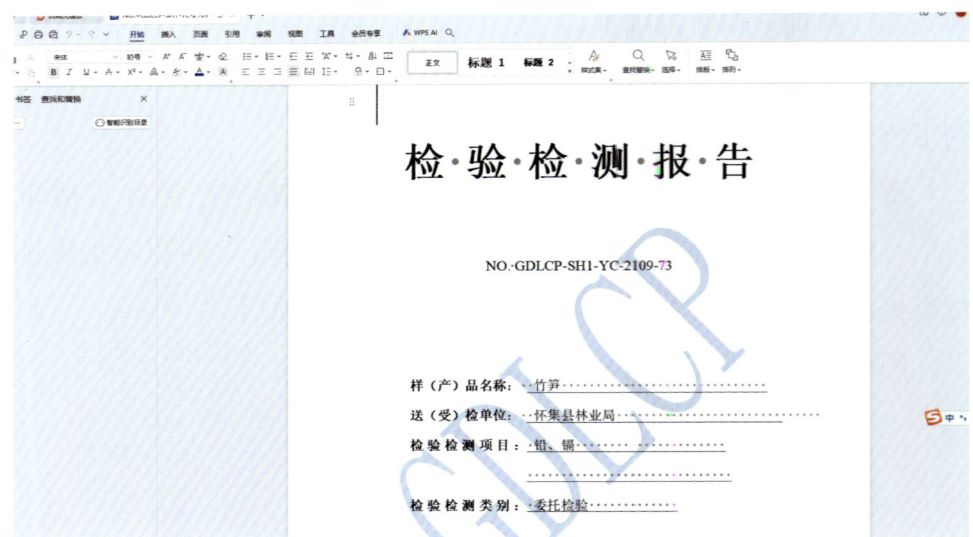

图4-15 检验检测报告

②检测报告审核工具——项目管理

本模块主要对食用林产品进行管理，包括对产品的新增、修改、删除。

产品新增修改弹框页面如图4-16所示。

图4-16　产品新增修改页面

新增检测项，如图4-17所示。

图4-17　检测项新增页面

③检测报告审核工具——检测项管理

本模块主要对食用林产品检测项进行管理，包括对检测项的新增、修改、删除，如图4-18所示。

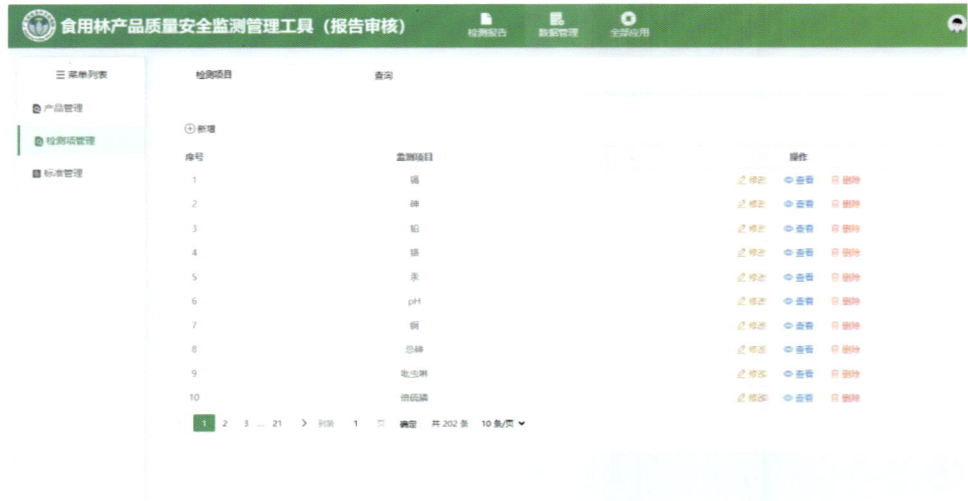

图4-18 检测项管理页面

二、监测过程管理工具移动端

（一）抽样管理

1.现场抽样工具——二维码扫码

现场抽样——二维码扫码主要是赋予该工具扫码功能，通过扫码可以直接查看抽样样品所有的信息，同时可以通过二维码扫码对样品填报相关操作进行记录。

第四章 监测过程管理工具

图4-19 移动端账号登录页面

2.现场抽样工具——抽样任务

现场抽样——抽样任务主要是提供线下现场抽样业务功能，主要包括人员配置、抽样填报、打印封条和签章、印章提取、电子签名等功能。

（1）人员配置。如果在食用林产品质量安全监测全过程管理工具——抽样管理——抽样任务模块中新建抽样任务时未指定抽样组员或希望临时增加组员，抽样组组长可打开现场抽样工具中抽样组的二维码，其他人可通过现场抽样工具扫码进入该抽样组。

171

图4-20 抽样计划信息页面

（2）抽样填报。对现场采样信息的登记录入工作，组员和组长会有两个不同的界面，组长需要填写采样任务的基础信息和预设抽样编号等操作，组员只需要填写简单的数据及拍摄采样照片即可。

图4-21 抽样详情页面

（3）打印封条和签章。填写抽样任务必要的信息后，组长可通过现场抽样工具连接热敏打印机进行封条、签章打印，支持单次打印和批量打印。

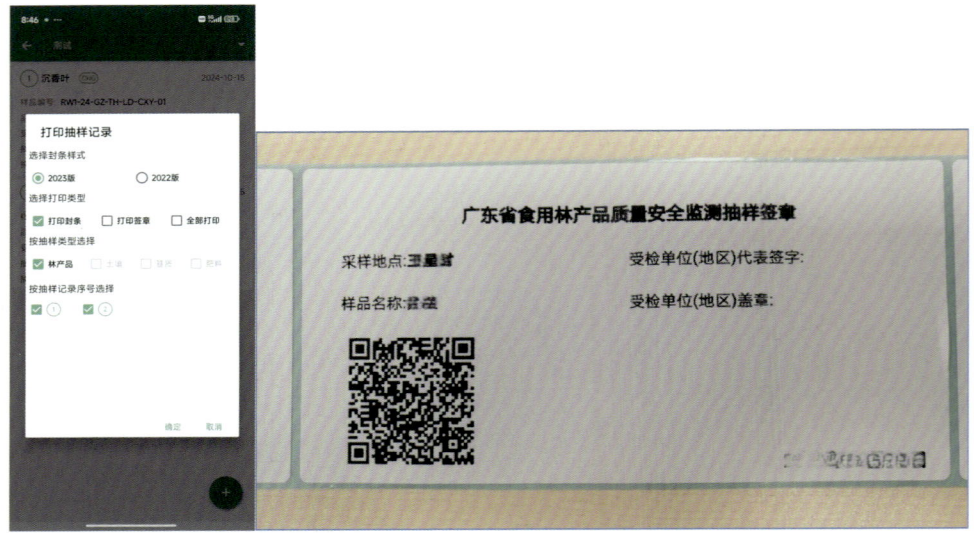

图4-22　封条、签章打印

（4）印章提取。打印好封条、签章，抽检企业现场盖章，组长通过现场抽样工具对印章进行拍照留档，工具会自动提取当前印章，便于后续的业务需要。

（5）电子签名。抽检员和企业联系员现场通过现场抽样工具进行电子签名，该签名将用于后续的抽样报告中。

3.现场抽样工具——抽样记录

现场抽样工具——抽样记录主要是提供线下现场抽样记录管理功能，主要包括离线数据同步、抽样报告、数据导出等功能。

（1）离线数据同步。进入抽样现场之后，考虑到在野外无网络环境，现场抽样工具会将组员和组长填报的数据和拍摄的采样照片暂时缓存在手机中。当户外的抽样工作结束后，回到有网络的环境中进行数据同步流程，现场抽样工具会自动将本次采样任务的数据上传到平台中，并自动合并组长和组员的数据，形成完整的采样任务数据。

图4-23 抽样数据同步页面

（2）抽样报告。工具根据同步合并后的组长和组员填报的采样数据、采集的印章、电子签名等自动生成指定格式的抽样报告。

（3）数据导出。由于现场抽样工具在进行业务开展时，大部分时间均是在离线环境下运行，数据都保存在手机上，因此提供了一键快捷导出数据到个人电脑上的功能。

林产品现场抽样工具兼容现有工作模式的同时，已经完善以下功能内容：优化手机与热敏打印机连接速度；实现现场抽样工具中可选择单次打印或连续打印；打印的封条增加唯一的二维码，扫描封条上的二维码可查看样品的信息，后续还可增加显示样品检测数据等信息；提升印章提取速度及效果；解决离线数据便捷导出的问题。

图4-24　热敏打印机连接页面

4.现场抽样工具——综合展示

现场抽样工具——综合展示主要是通过手机展示抽样相关工作任务的统计图表及数据查看，包括抽样统计分析、抽样报告以及扫码查看详情记录等相关功能。

图4-25 现场抽样工具综合展示图

附录

（一）食用林产品及其产地土壤定量检测相关标准

食用林产品及其产地土壤定量检测相关标准汇总表

序号	标准编号	标准名称
1	GB5009.268	食品安全国家标准食品中多元素的测定
2	GB5009.11	食品安全国家标准食品中总砷及无机砷的测定
3	GB5009.17	食品安全国家标准食品中总汞及有机汞的测定
4	GB5009.15	食品安全国家标准食品中镉的测定
5	GB5009.12	食品安全国家标准食品中铅的测定
6	GB23200.121	植物源性食品中331种农药及其代谢物残留量的测定液相色谱-质谱联用法
7	GB23200.113	食品安全国家标准植物源性食品中208种农药及其代谢物残留量的测定气相色谱-质谱联用法
8	GB23200.116	食品安全国家标准植物源性食品中90种有机磷农药及其代谢物残留量的测定气相色谱法
9	GB23200.8	食品安全国家标准水果和蔬菜中500种农药及相关化学品残留量的测定气相色谱-质谱法
10	GB23200.11	食品安全国家标准桑枝、金银花、枸杞子和荷叶中413种农药及相关化学品残留量的测定液相色谱-质谱法
11	GB23200.13	食品安全国家标准茶叶中448种农药及相关化学品残留量的测定液相色谱-质谱法
12	GB/T20769	水果和蔬菜中450种农药及相关化学品残留量的测定液相色谱-串联质谱法
13	GB/T5009.19	食品中有机氯农药多组分残留量的测定
14	HJ491	土壤和沉积物铜、锌、铅、镍、铬的测定火焰原子吸收分光光度法
15	HJ803	土壤和沉积物12种金属元素的测定王水提取-电感耦合等离子体质谱法
16	HJ921	土壤和沉积物有机氯农药的测定气相色谱法
17	HJ784	土壤和沉积物多环芳烃的测定高效液相色谱法
19	HJ783	土壤和沉积物有机物的提取加压流体萃取法

续表

序号	标准编号	标准名称
20	NY/T761	蔬菜和水果中有机磷、有机氯、拟除虫菊酯和氨基甲酸酯类农药多残留的测定
21	NY/T1434	蔬菜中2、4-D等13种除草剂多残留的测定液相色谱-质谱法
22	NY/T1616	土壤中9种磺酰脲类除草剂残留量的测定液相色谱-质谱法
23	SN0523	出口水果中乐杀螨残留量检验方法
24	SN/T2324	进出口食品中抑草磷、毒死蜱、甲基毒死蜱等33种有机磷农药残留量的检测方法
25	SN/T4591	出口水果蔬菜中脱落酸等60种农药残留量的测定液相色谱-质谱/质谱法
26	GB23200.35	食品安全国家标准植物源性食品中取代脲类农药残留量的测定液相色谱-质谱法
27	GB23200.34	食品安全国家标准食品中涕灭砜威、吡唑醚菌酯、嘧菌酯等65种农药残留量的测定液相色谱-质谱/质谱法
28	GB23200.7	食品安全国家标准蜂蜜、果汁和果酒中497种农药及相关化学品残留量的测定气相色谱-质谱法
29	GB23200.15	食品安全国家标准食用菌中503种农药及相关化学品残留量的测定气相色谱-质谱法
30	GB23200.12	食品安全国家标准食用菌中440种农药及相关化学品残留量的测定液相色谱-质谱法
31	GB23200.50	食品安全国家标准食品中吡啶类农药残留量的测定液相色谱-质谱/质谱法
32	GB23200.72	食品安全国家标准食品中苯酰胺类农药残留量的测定气相色谱-质谱法
33	GB2763.1	食品安全国家标准食品中2,4-滴丁酸钠盐等112种农药最大残留限量
34	GB23200.71	食品安全国家标准食品中二缩甲酰亚胺类农药残留量的测定气相色谱-质谱法
35	GB23200.119	食品安全国家标准植物源性食品中沙蚕毒素类农药残留量的测定气相色谱法
36	GB2763.1	食品安全国家标准食品中2,4-滴丁酸钠盐等112种农药最大残留限量
37	GB23200.9	食品安全国家标准粮谷中475种农药及相关化学品残留量的测定气相色谱-质谱法
38	GB23200.68	食品安全国家标准食品中啶酰菌胺残留量的测定相色谱-质谱法

续表

序号	标准编号	标准名称
39	GB23200.63	食品安全国家标准食品中噻酰菌胺残留量的测定液相色谱-质谱/质谱法
40	GB23200.1	食品安全国家标准除草剂残留量检测方法第1部分：气相色谱-质谱法测定粮谷及油籽中酰胺类除草剂残留量
41	GB23200.16	食品安全国家标准水果和蔬菜中乙烯利残留量的测定气相色谱法
42	GB23200.24	食品安全国家标准粮谷和大豆中11种除草剂残留量的测定气相色谱-质谱法
43	GB/T5009.20	食品中有机磷农药残留量的测定
44	GB/T5009.146	植物性食品中有机氯和拟除虫菊酯类农药多种残留量的测定
45	GB/T5009.145	植物性食品中有机磷和氨基甲酸酯类农药多种残留的测定
46	GB/T5009.218	水果和蔬菜中多种农药残留量的测定
47	GB/T5009.103	植物性食品中甲胺磷和乙酰甲胺磷农药残留量的测定
48	GB/T14553	粮食、水果和蔬菜中有机磷农药测定的气相色谱法
49	GB/T5009.102	植物性食品中辛硫磷农药残留量的测定
50	GB/T5009.104	植物性食品中氨基甲酸酯类农药残留量的测定
51	GB/T5009.110	植物性食品中氯氰菊酯、氰戊菊酯和溴氰菊酯残留量的测定
52	GB/T5009.144	植物性食品中甲基异柳磷残留量的测定
53	GB/T5009.135	植物性食品中灭幼脲残留量的测定
54	GB/T17141	土壤质量铅、镉的测定石墨炉原子吸收分光光度法
55	GB/T22105.1	土壤质量总汞、总砷、总铅的测定原子荧光法第1部分：土壤中总汞的测定
56	GB/T22105.2	土壤质量总汞、总砷、总铅的测定原子荧光法第2部分：土壤中总砷的测定
57	GB/T22105.3	土壤质量总汞、总砷、总铅的测定原子荧光法第3部分：土壤中总铅的测定
58	GB/T14550	土壤中六六六和滴滴涕测定的气相色谱法
59	NY/T1379	蔬菜中334种农药多残留的测定气相色谱-质谱法和液相色谱-质谱法
60	NY/T1453	蔬菜及水果中多菌灵等16种农药残留测定液相色谱-质谱-质谱联用法

续表

序号	标准编号	标准名称
61	NY/T1680	蔬菜水果中多菌灵等4种苯并咪唑类农药残留量的测定高效液相色谱法
62	NY/T1720	水果、蔬菜中杀铃脲等七种苯甲酰脲类农药残留量的测定高效液相色谱法
63	NY/T1380	蔬菜、水果中51种农药多残留的测定气相色谱-质谱法

附表1：广东省食用林产品质量安全监测封条（样式）

广东省食用林产品质量安全监测封条
样品编号：
样品名称：　　　　　　　　　　　　□待测样品　　　□备份样品
抽样单位：　　　　　　　　　　受检单位（个人）：
抽样人员（签名）：　　　　　　　联系人（签名）：
抽样单位（印章）　年　月　日封　　受检单位（个人）（印章）

　　本封条将样品标签与封条合二为一，从而提高工作效率，样式仅供参考，抽样单位可根据实际情况选择标签与封条合并或分别制作的方式，满足标签及封条的基本内容即可。

附表2：广东省食用林产品质量安全监测抽样单

任务来源	＿＿＿＿＿＿省/市/县（市、区）林业局/自然资源局			
食用林产品编号				
土壤/基质样品编号				
采样地点				
监测场所	□标准化基地□林业龙头企业□合作社□个体□其他			
经度	度　分　秒	纬度	度　分　秒	
土壤采样深度	cm	土壤类型	□砂土□壤土□黏土	
品种名称（俗称）		采样部位		
样品状态	□鲜样□干样□其他	抽样数量	kg	
抽样基数	□种植＿＿亩　□库存＿＿kg　□微生物＿＿平方米			
□自营□非自营				
受检单位名称				
受检单位地址				
法人代表		联系人/电话		
抽样单位名称				
抽样单位地址				
联系人		联系电话		
受检单位对所填内容和抽样产品有效性有异议应在此栏进行说明。 受检单位（个人）签字： 受检单位（个人）盖章： 　　　　　年　　月　　日		抽样人员签字： 抽检单位盖章： 　　　　　年　　月　　日		

注1：本表将作为抽样单位与受检单位样品确认的重要依据，抽样人员应认真填写本表，抽样人员和受检单位代表（个人）签字。

注2：本单一式四联，第一联留抽样单位、第二联留受检单位（个人）、第三联留组织监督抽查的部门、第四联留受检单位的上级主管部门。

注3：非自营选项，当受检单位库品区样品非自营种植产地来源的，需填写样品产地来源。

附表3　样品交接记录表

NO:

序号	样品名称	委托/生产单位（个人）	型号规格	抽样编号	数量	采样地点	采样时间	备注

送样人：　　　送样日期：　　　接样人：　　　接样日期：

附表4　异常样品接收记录表

NO:

委托单号		委托单位	
样品名称		送样日期	
检测项目			
异常情况： □名称不符　　□数量不符　　□规格不符 □包装不符　　□外观不符 □其他：			
检查人：　　　　　日期：			
双方协商意见： □样品客户现场取回　　　　　□样品退回，运费客户自费 □样品质检方自由处置　　　　□客户重送样品 □客户坚持检测，承检方免责　□其他：			
承检方签字：　　　　客户方签字：　　　日期：			
备注：			

附表5　样品入库登记表

NO:

序号	样品名称	样品编号	委托单位	型号规格	数量	样品来源	送样人	样品保管员	入库日期
1									
2									
3									
4									

记录：

附表6　样品贮存记录表

更新日期：　年　月　日　　记录人：　　　审核人：

序号	样品编号	样品名称	样品管理员	入库日期	预计保留日期	贮存条件	检样存放位置	备样存放位置	检验取用日期	样品处理日期	处理方式	处理人
1												
2												
3												
4												

附表7　样品流转单

NO:

样品名称		样品编号	
数量/规格		生产日期	
委托单位			
生产单位			

检测项目	检测依据

附注：

	入库时间	年　月　日	签收人		保管条件	
样品流转记录	出库时间	年　月　日	出库状况	□正常 □损坏 □缺失	签收人	
	制样时间		制样规格数量		制样人	
	检测项目		检测人		原始记录人	
	检测项目		检测人		原始记录人	
	检测项目		检测人		原始记录人	
	检测项目		检测人		原始记录人	
	样品处置	□本站处置		□消耗完毕	□部分返回	

附表8　样品处理登记表

NO:

序号	样品名称	委托/生产单位（个人）	型号规格	编号	数量	处理方式	处理日期	经手人

记录：

参考文献

［1］周德来，马春花，姚晓玲，等．植物类中药中重金属及有害元素来源及危害的研究进展［J］．华西药学杂志，2023，38（5）：593-598．

［2］李爱琴，王阳峰，杨珊娇．浅谈重金属污染对健康的危害［J］．河南机电高等专科学校学报，2005，13（4）：49-50．

［3］郭笃发．环境中铅和镉的来源及其对人和动物的危害［J］．环境科学进展，1994，2（3）：71-76．

［4］何成兰．重金属检测技术在食品检测中的应用［J］．中国食品工业，2023（17），75-76，79．

［5］王智斌，魏万滩．食品中重金属污染危害分析与其检测方法研讨［J］．现代食品，2020（24），219-221．

［6］赖寒．常见重金属污染及危害［J］．企业技术开发，2012，31（10）：79-80．

［7］申焕杰．市售蔬果中农药残留的危害、检测技术及质量控制概述［J］．现代食品，2023（02）：133-135．

［8］吴庆勇，金鹏，王红．食品中有机氯农药残留超标危害与检测技术［J］．食品安全导刊，2023：180-182．

［9］吴长青，王海璐，李洁君．蔬菜中农药残留检测技术研究进展［J］．食品工业，2022，43（9）：200-205．

［10］王弟伟．食品中重金属检测技术的发展现状及质量控制措施［J］．食品安全导刊，2023（03）：190-192．

［11］罗运福．关于食品中重金属镉污染状况及其检测技术研究进展［J］．现代食品，2020（1）：47-48，51．

［12］王艳红．现代食品检测中农药残留技术及质量控制措施［J］．中国食品工业，2023（20）：62-64．

［13］GB/T 42233—2022．快速检测 术语句定义［S］．

［14］NY/T 3304-2018. 农产品检测样品管理技术规范［S］.

［15］SN/T 3509-2013. 实验室样品管理指南［S］.

［16］刘姚, 张金云, 吴世军. 广东省澳洲坚果种业发展现状与展望［J］. 果树资源学报, 2023, 4（01）: 1-6.

［17］奚志芳. 澳洲坚果应用的研究进展［J］. 食品安全导刊, 2021（24）: 142-143.

［18］刘桂娟, 崔恩姬, 郑昌吉. 板栗化学成分与药理作用的研究进展［J］. 天然产物研究与开发, 2018, 30（10）: 1843-1847.

［19］宋磊肖, 范得跃, 李晓菁, 等. 板栗壳的化学成分、生理活性及其应用［J］. 河北科技师范学院学报, 2017, 31（03）: 30-33.

［20］林红强, 周柏松, 谭静, 等. 肉桂的化学成分、药理活性及临床应用研究进展［J］. 特产研究, 2018, 40（02）: 65-69.

［21］袁佳莹, 佟智颖, 赵家义, 等. 巴戟天临床应用研究进展［J］. 陕西中医, 2022, 43（06）: 807-810.

［22］刘伟东, 丁鸿燕, 李明贵, 等. 沉香叶的研究进展及开发利用［J］. 广东化工, 2021, 48（24）: 79-80.

［23］史俊豪, 丘琴, 刘晓芳, 等. 佛手化学成分和药理作用及其质量标志物（Q-Marker）预测分析［J］. 中华中医药学刊, 2023, 41（04）: 17-28.

［24］李梅, 黄世能, 陈祖旭, 等. 药月乔木树种猴耳环研究现状及开发利用前景［J］. 林业科学, 2018, 54（04）: 142-154.

［25］曹海丽, 曾聪彦, 戴卫波, 等. 牛大力化学成分及药理作用研究进展［J］. 中医药导报, 2019, 25（11）: 135-137, 141.

［26］杨东生, 张越, 舒艳, 等. 砂仁化学成分及药理作用的研究进展［J］. 广东化工, 2022, 49（08）: 111-114.

［27］陶泽鑫, 陆宁妹, 吴晓倩, 等. 石斛的化学成分及药理作用研究进展［J］. 药学研究, 2021, 40（01）: 44-51, 70.

［28］胡杨, 赵勉, 邱雨轩, 等. 药食同源中药铁皮石斛的研究进展［J/OL］.

南京中医药大学学报，2024（01）：94-108［2024-04-07］．

［29］燕青，张华农，李文秀，等．五指毛桃鉴别及质量标准研究进展［J/OL］．热带农业科学：1-8［2023-10-19］．

［30］王宝艳，井二杨，任喜康，等．近5年益智化学成分与药理作用研究进展［J］．广东药科大学学报，2023，39（04）：120-127．

［31］潘峰，唐晓东，潘利明，等．南药高良姜的分子生药学研究进展［J］．南方农业，2023，17（05）：215-218，226．

［32］李楚，荆文光，莫小路，等．广藿香化学成分和药理作用研究进展及潜在质量标志物预测分析［J］．中国药学杂志，2023，58（11）：954-965．

［33］曾丽芳，林立，谢金兰．梅片树药用价值与栽培技术探析［J］．绿色科技，2017（03）：147-148．

［34］陈柏林，邹玉敏，苏二正，等．银杏果食药物质基础及其加工利用现状［J］．生物加工过程，2020，18（06）：758-765，774．

［35］陈瑶，龚苏晓，徐旭，等．金花茶化学成分和药理作用研究进展［J］．药物评价研究，2022，45（03）：575-582．

［36］张瑞婷，张述仁，海娟，等．灵芝在保健食品中的应用研究进展［J］．安徽农业科学，2018，46（10）：33-35．

［37］曾婷，黄文其，赵立娜，等．灵芝精深加工技术与产品研发进展［J/OL］．菌物研究：1-10［2024-03-27］．

［38］潘春华．山珍竹荪［J］．林业与生态，2023（05）：41-42．

［39］毕韬韬，吴广辉，马利娜，等．竹荪的深加工及营养成分功能性研究进展［J］．农产品加工，2022（06）：80-82．

［40］伍晓玲，项丽保．橄榄营养成分和生物活性物质研究进展［J］．食品工业科技，2017，38（24）：346-352．

［41］贾彬，麦子盈，陈启文，等．山楂药用价值与上市药品研究进展［J］．中草药，2023，54（20）：6878-6888．

［42］邵琼，郭帆，李雯，等．竹笋营养成分及其提取方法研究进展［J/OL］.

世界林业研究：1-7 [2024-03-19].

[43] 姚荷，谭兴和. 竹笋加工方法研究进展 [J]. 中国酿造，2017，36（11）：24-27.

[44] 侯振丽，胡爱林，石旭柳，等. 八角茴香的化学成分及生物活性研究进展 [J]. 中药材，2021，44（08）：2008-2017.

[45] 包正宇，李耀文，李言，等. 八角茴香的生物学活性及其应用 [J]. 食品与发酵工业，2023，49（11）：323-329.

[46] 田甜，黄清泉，蒋明艳，等. 不同产地厚鳞柯果实品质差异分析 [J]. 热带农业科学，2022，42（05）：46-52.

[47] 刘佳蕊，崔天怡，吕彬，等. 玉竹的有效成分、药理活性及资源开发研究进展 [J]. 食品与药品，2023，25（01）：96-102.

[48] 陈美桢，王娟. 化橘红的药用和保健功能的研究进展 [J]. 中国食品添加剂，2023，34（12）：252-264.